BEI GRIN MACHT SICH IHR WISSEN BEZAHLT

AF131154

- Wir veröffentlichen Ihre Hausarbeit, Bachelor- und Masterarbeit

- Ihr eigenes eBook und Buch - weltweit in allen wichtigen Shops

- Verdienen Sie an jedem Verkauf

Jetzt bei www.GRIN.com hochladen und kostenlos publizieren

Bibliografische Information der Deutschen Nationalbibliothek:

Die Deutsche Bibliothek verzeichnet diese Publikation in der Deutschen National-
bibliografie; detaillierte bibliografische Daten sind im Internet über http://dnb.d-
nb.de/ abrufbar.

Impressum:

Copyright © 2013 GRIN Verlag, Open Publishing GmbH
Druck und Bindung: Books on Demand GmbH, Norderstedt Germany
ISBN: 978-3-668-14129-2

Dieses Buch bei GRIN:

http://www.grin.com/de/e-book/315363/korpora-varietaeten-forensik-grundzuege-
der-angewandten-linguistik

Henriette Bartusch

Korpora, Varietäten, Forensik. Grundzüge der angewandten Linguistik

GRIN Verlag

GRIN - Your knowledge has value

Der GRIN Verlag publiziert seit 1998 wissenschaftliche Arbeiten von Studenten, Hochschullehrern und anderen Akademikern als eBook und gedrucktes Buch. Die Verlagswebsite www.grin.com ist die ideale Plattform zur Veröffentlichung von Hausarbeiten, Abschlussarbeiten, wissenschaftlichen Aufsätzen, Dissertationen und Fachbüchern.

Besuchen Sie uns im Internet:

http://www.grin.com/

http://www.facebook.com/grincom

http://www.twitter.com/grin_com

Inhaltsverzeichnis

Kultur

- **Was ist Kultur**
  - o = kein normativer (dient keiner Norm) Begriff
  - o ↗ Fahrstuhlknöpfe in Japan auf/zu
  - o Geertz:
    - ▪ Kultur = offenes, flexibles Konzept; „selbstgesponnenes Bedeutungsgewebe" in dem der Mensch verstrickt ist; Gewebe, das sich ständig in Herstellung und Wandlung befindet und jederzeit umdeutbar ist; unterliegt ständig neuen Interpretationen und Bedeutungen, ist niemals objektiv und zeigt sich im alltäglichen Tun des Menschen; ist überall, jedoch ist die Kultur des Deutens unabdingbar zur Existenz der Definition von „Kultur"; Code, dessen symbolischer Gehalt entschlüsselt werden muss

- **Erkenntnislogik der Kulturwissenschaften**
  - o „das, was wir als unsere *Daten* bezeichnen, [sind] in Wirklichkeit *unsere Auslegungen* davon [...], *wie andere Menschen* ihr eigenes Tun und das ihrer Mitmenschen *auslegen*"
  - o „schon auf der Ebene der Fakten [...] erklären wir, schlimmer noch: *erklären wir Erklärungen*" (Geertz 2001: 14)

Sprache und Kultur

- **Phänomene der „dritten Art" / „unsichtbare Hand Phänomen"**
  - o ↗ Trampelpfad im Wohngebiet
  - o siehe KELLER
  - o Naturphänomen / Artefakt (Computer, Rechtschreibreform) → Sprachwandel wird hier weder als Naturphänomen noch als Artefakt verstanden, sondern entsteht aus den Einzelhandlungen der Individuen als ungewollte und ungeplante Struktur
  - o Ergebnis von Invisible-hand-Prozessen
  - o viele Menschen richten ihr Handeln nach ähnlich gerichteten Maximen aus
  - o aus den vielen einzelnen Handlungen entsteht eine Struktur, die als solche nicht intendiert ist (z.B. war es nicht geplant, dass Sonne Sonne heißt)
  - o Sprachwandel wird als Ergebnis des Wirkens einer unsichtbaren Hand gesehen
  - o unkoordiniertes Verhalten führt zu einer koordinierten Struktur als eine quasi-Koordination
  - o Sprache als spontane Ordnung ist dabei ein Effekt des Wirkens der unsichtbaren Hand
  - o Sprache und Sprachwandel ist nach Keller ein Phänomen der 3. Art, also weder vom Menschen gemacht (Artefakt) noch ein Naturphänomen, dagegen die kausale Konsequenz (Makroebene) einer Vielzahl individueller, intentionaler Handlungen (Mikroebene)
  - o Sprachwandel vollzieht sich im Einzelnen durch den Gebrauch der Sprache selbst
  - o ein Spezialfall von Sprachwandel ist der Bedeutungswandel
  - o nach Rudi Keller ändern sich Wortbedeutungen durch Veränderung der Gebrauchsregeln, denn nach Ludwig Wittgenstein ist die Bedeutung eines Wortes sein regelhafter Gebrauch innerhalb eines Sprachsystems

- o Beim Bedeutungswandel verändern die Sprecher die Gebrauchsregeln eines Wortes (durch Wirken der unsichtbaren Hand) dadurch, dass die Sprecher einen zunächst okkasionellen Sinn so häufig erzeugen, dass in der Sprachgemeinschaft mit der Zeit ein Umlernen erfolgt
- o Morphologischer Wandel entsteht in der Regel durch Regelverletzungen, Bedeutungswandel als Sinnspezifizierung durch regelkonforme Spezialverwendung unter Wirken der unsichtbaren Hand

- **Sprache als Phänomen der dritten Art**
  - o Bsp.: Mhd. → Nhd. (*vrouwe* = sozial hochstehend zu *Frau* = sozial neutral sowie *wip* = sozial neutral zu *Weib* = sozial niedrig)
  - o Die Strukturen der Sprache sind dadurch entstanden, dass Menschen für die Artikulation ähnlicher Ausdrucksbedürfnisse ähnliche Dinge geäußert haben.
  - o Die Strukturen der Sprache verweisen damit auf die Verwendungskontexte und erhalten ihre Bedeutung aus diesen Kontexten.
  - o Sprechen ist mit sozialen Tätigkeiten verbunden.
  - o Wenn wir sprechen, bedienen wir uns schon immer Mustern, die soziale Bedeutung tragen

- **Wittgenstein**
  - o Was bedeuten die Wörter der Sprache?
  - o → Bedeutung des Wortes ist sein Gebrauch → Tätigkeit, die damit verbunden ist, ist Teil der Bedeutung des Wortes
  - o Wenn man Bedeutung von Wörtern verstehen will, muss man Kontext kennen, in dem Wort gebraucht wird → Bedeutung ist nur mit Hilfe des Kontextes zu beschreiben
  - o Wir verstehen Sprache aus dem Kontext
  - o Kontext: Was ist relevant?
  - o Denken wir uns eine Sprache (...): Die Sprache soll der Verständigung eines Bauenden A mit einem Gehilfen B dienen. A führt einen Bau auf aus Bausteinen; es sind Würfel, Säulen, Platten und Balken vorhanden. B hat ihm die Bausteine zuzureichen, und zwar nach der Reihe, wie sie A braucht. Zu dem Zweck bedienen sie sich einer Sprache, bestehend aus den Wörtern: "Würfel", "Säule", "Platte", "Balken". A ruft sie aus; B bringt den Stein, den er gelernt hat, auf diesen Ruf zu bringen. – Fasse dies als vollständige primi3ve Sprache auf." (PU 2)
  - o "Was bezeichnen nun die Wörter dieser Sprache?" Was sie bezeichnen, wie soll ich das zeigen, es sei denn in der Art ihres Gebrauchs? Und den haben wir ja beschrieben. (PU 10)

- **Kontextualisierung**
  - o = die interaktive Konstitution des relevanten Kontextes innerhalb eines Kommunikations- und Interpretationsprozesses
  - o Überzeugung, dass komplexe und vielschichtige Wörter oder Sätze nur aus ihrem geeigneten sprachlichen Kontext heraus zu sehen und verstehen sind, ebenso wie kulturelle Objekte nur aus ihren kultur- und alltagsgeschichtlichen Zusammenhängen heraus
  - o es geht immer darum, die richtigen Bezüge herzustellen
  - o Bsp.: Wörter wie ...Durchzug von...weitgehend trocken...vereinzelt... → lassen auf Wetterbericht schließen
  - o Bsp.: Wir haben ihre...wir verlangen...Euro...keine Polizei → lassen auf Erpresserbrief schließen
  - o Kontexte können nicht objektiviert werden

o Kontexte können durch Sprache geschaffen werden

Angewandte Linguistik

→ = Teilgebiet der Sprachwissenschaft; beschäftigt sich interdisziplinär mit Fremdsprachendidaktik, mit der Sprachbeschreibung in Form von Wörterbüchern (Lexikografie) und Grammatiken sowie mit Problemen aus Natur-, Kultur-, Informations-, Rechts- und Geisteswissenschaften unter sprachwissenschaftlichem Gesichtspunkt; ebenfalls zum Aufgabengebiet der Angewandten Linguistik zählt die Anwendung linguistischer Theorien, Methoden und Erkenntnisse aus der linguistischen Grundlagenforschung zur Klärung sprachbezogener Probleme auf anderen Gebieten; Teilbereiche der Linguistik, die gerne als Bindestrichlinguistiken marginalisiert werden, in Wahrheit aber längst den Anspruch haben, Sprache und Kommunikation gegenstandsadäquater zu modellieren als die vermeintlichen Kerngebiete: Gesprächslinguistik, Textlinguistik und Soziolinguistik

- **Disziplinen**
  - o Karl Raimund Popper
  - o Für POPPER gibt es 2 Gründe Disziplinen zu unterscheiden
    - „Disziplinen unterscheidet man einerseits aus historischen und *praktisch administrativen Gründen*[...] und andererseits, weil die *Theorien*, die wir aufstellen, um unsere Probleme zu lösen, eine Tendenz haben, zu *einheitlichen Systemen* zusammenzuwachsen" (ebd., 97)
  - o Das wichtigste Motiv zur Herausbildung wissenschaftlicher Disziplinen ist dasjenige der *notwendigen Reduktion eines Erkenntnisganzen* (Welt).
  - o Ohne Reduktion ist keine Erkenntnisleistung zu erbringen.
  - o Die Bildung von Disziplinen ist Ausdruck der zunehmenden *„Verwissenschaftlichung"*, also einer zunehmenden Rationalisierung der wissenschaftlich zu erfassenden Gegenstände (Balsiger 2005: 57)
  - o Komplexität reduzieren
  - o Reduktion ist ein Muss
  - o Sprache wird unter bekannten Aspekten betrachtet

- **Merkmale von Disziplinen**
  - o „Die *Wissenschaft widerspiegelt die konkreten Dinge* und Erscheinungen nicht in ihrer unwiederholbaren Individualität, sondern *in ihren allgemeinen, gesetzmäßigen Eigenschaften* und Zusammenhängen. Als *Gegenstände von Disziplinen* betrachten wir daher *Systeme solcher Eigenschaften* und Zusammenhänge. Als empirische Objekte treten die wirklichen Dinge mit dem erkennenden Subjekt, das sie unmittelbar bzw. durch Geräte vermittelt beobachtet und experimentell untersucht, in der unerschöpflichen Totalität ihrer Eigenschaften in Wechselwirkung. *Ein und dasselbe empirische Objekt kann daher für mehrere Disziplinen zum Gegenstand der Untersuchung werden.*" (Guntau, 23)
  - o Gegenstandsbezug über einen längeren Zeitraum (permanent)

Wissenschaften, die sich mit „Sprache" beschäftigen

Theologie Exegese (Auslegung) „heiliger" Schriften => Textsemantik	**Philosophie** Bedeutung sprachl. Einheiten, Beziehung Sprache <=> Welt	**Rechtswissen-schaft** Rechtlich verbindliche Auslegung von Gesetzestexten
Philologien Exegese kulturell bedeutender Schriften (Literatur)	**Sprache**	**Soziologie** Bedeutung von Sprache bei der Herausbildung gesellschaftlicher Formationen
Computer-wissenschaften Herausbildung künstlicher Sprachen, Erkennung natürlicher Sprachen	**Mathematik** Herausbildung streng logischer Symbolsysteme	**Psychologie/ Biologie/ Anthropologie** Wie kommt der Mensch zur Sprache? Wie lernen Menschen sprechen?

- **Merkmale von Disziplinen (Guntau)**
  - o Neben Gegenstandsbezug auch Permanenz des Gegenstandsbezuges in Hinblick auf / was wiss. Diszipl. auszeichnet:
    - *Kognitiven Orientierung* (Disposition der Erkenntnissubjekte, als subjektive Repräsentanz des Gegenstandes)
    - *terminologische Normierung* zwecks Disziplinierung der Kommunikation (Fachsprache)
    - *prozedurales Wissen:* Vorschriften für die Verfahren, die zur Identifizierung der den Gegenstand repräsentierenden Objekte angewandt werden (Wissen zur empirisch-experimentellen Erschließung des Gegenstandes)
    - *Wissenschaftlichkeitskriterien* (Kriterien, die dazu dienen sollen, wissenschaftliches von nicht-wissenschaftlichem Handeln abzugrenzen)
    - *Institutionalisierung* (disziplinäre Institutionen sind soziale Existenzformen von Disziplinen, die ihnen Permanenz verleihen; z.B. durch Professionalisierung, Scientific Community = Individuen, die bezüglich des Gegenstandsbereiches der Disziplin kompetent kommunizieren)

- **Unterscheidungsmerkmale von Disziplinen**
  - o „Das, was eine Disziplin von einer anderen unterscheidet, wird also weder allein der Gegenstand noch allein das Interesse oder das Problem sein, worauf man sich jeweils richtet. Die *Identität wird vielmehr gestiftet durch einen Theorieentwurf oder ein Ganzes von Theorien*, an dem sich weiterarbeiten läßt." (Krüger 1987: 116)

- **Merkmale von Disziplinen (Stichweh 1979)**
  - o 1. hinreichend homogener Kommunikationszusammenhang von Forschern (*Scientific Community*)
  - o 2. ein *Korpus wissenschaftlichen Wissens*, der sich in Form von Lehrbüchern repräsentiert findet.
  - o 3. *Fragestellungen*, die von der Scientific Community aktuell als *problematisch* (ungelöst) angesehen werden.
  - o 4. *Set von Forschungsmethoden* und paradigmatischen
  - o Problemlösungen
  - o 5. *Strukturen*, die eine auf *die Disziplin bezogene Karriere* und fest eingerichtete *Prozesse der Sozialisation ermöglichen* (Ziel: wissenschaftlichen Nachwuchs ausbilden; „Indoktrination" und „Selektion")

4

Grundlagenforschung vs. Angewandte Forschung

- **Ergebnisorientierung**
  - *Grundlagenforschung*: Entwicklung neuer Theorien oder Weiterentwicklung bestehender. Die wissenschaftlichen Grundlagen einer Wissenschaftsdisziplin sollen gestärkt und die Möglichkeiten geschaffen werden, beobachtete Erscheinungen zu erklären und in ein Weltbild einzuordnen. → Disziplin weiter ausbauen
  - *Angewandte Forschung*: Ergebnisse zielen auf eine konkrete Verwertung außerhalb des wissenschaftlichen Bereichs oder stellen Wissensbasis bereit, die für eine technische Entwicklung erforderlich ist. Entscheidungsprimat liegt daher nicht immer bei den Wissenschaftlern, sondern bei Nutzern oder kommerziellen Verwertern.

    (Balsiger 2005: 102f.)

- **„Orientierte Forschung"**
  - „Forschungstypus, der eine Mittelstellung zwischen Grundlagenforschung und angewandter Forschung einnimmt. Dabei soll der Begriff ausdrücken, da in einem ersten Schritt grundlagenwissenschaftliche Erkenntnisse generiert werden, wobei der Forschungsprozeß jedoch nicht einfach stehen bleibt; vielmehr gehören als integrale Schritte die Überführung solcher grundlagenwissenschaftlicher Erkenntnisse in möglichst verwertungsfähige Produkte. Am Ende eines solchen orientierten Forschungsprozesses mußjedoch nicht in jedem Fall die fer3ge Entwicklung eines möglichen Produktes stehen. Es können ebenso gut entscheidfähige Grundlagen oder Handlungsempfehlungen sein."

    (Balsiger 2005: 104-106)

- **Angewandte Linguistik**
  - „... ist heute generell zu definieren als eine Disziplin, die sich mit der Beschreibung, Erklärung und Lösung von lebens- und gesellschaftspraktischen Problemen in den Bereichen von Sprache und Kommunikation befasst.
  - Diese Probleme halten sich nicht notwendig an disziplinäre Grenzen; für ihre Bearbeitung reichen vorhandene linguistische Erkenntnisse auch nicht immer aus."
    (Knapp u.a. 2004)
  - „Das Streben nach Problemlösungen bringt es mit sich, dass die angewandte Linguistik oft über den vorhandenen linguistischen Forschungsstand hinausgehen und gegenstandsbezogen neue Methoden und theoretische Konzepte entwickeln [muss] und dabei auch auf andere Disziplinen Bezug nehmen muss. Die Unterscheidung von Theoretischer und Angewandter Linguistik wird damit obsolet." (Knapp u.a. 2004)

↗ Gesprächslinguistik = Analyse gesprochener, meist dialogischer Sprache; Gesprächsanalyse ist eine eigenständige Forschungsdisziplin der Linguistik, hat aber enge Verbindungen zur Textlinguistik und zur Sprechakttheorie; Ziel der Gesprächsanalyse ist die Erforschung verschiedener Gesprächspraktiken, die Mitglieder einer Gesellschaft verwenden, um miteinander zu kommunizieren.

- **Kommunikationsmodell**

→ = falsches Modell, da Abbildtheoretischer Sprachbegriff hinter diesem Modell steckt
→ Infos in Sprache verpackt und hin und her geschickt = falsch

- **Abbildtheoretischer Sprachbegriff**
  - o "Die Grundvorstellung dahinter könnte man etwa folgendermaßen zusammenfassen: Sprachliche Zeichen (Wörter) repräsentieren (bezeichnen, vertreten) etwas, das entweder in der Wahrnehmung oder aber in der Vorstellung oder im Denken von Subjekten schon gegeben ist, also unabhängig von der Sprache schon 'da' ist. (...) Eine Kette von Repräsentationen erstreckt sich dann gleichsam von dieser 'ursprünglichen Präsenz' über die Lautsprache bis hin zur Schrift: Am Anfang (...) stehen etwa die in der Wahrnehmung gegebenen Dinge und Ereignisse (...) Die sprachlichen Zeichen repräsentieren Klassen solcher Einzeldinge oder Einzelvorstellungen, und die schriftlichen Zeichen schließlich repräsentieren die ursprünglichen lautlichen Zeichen." (Wellmer 2004; 17) "Auf der einen Seite ist ein sprachliches Zeichen, auf der anderen Seite das, was es bedeutet." (Wellmer 2004; 21)
  - o Wort steht für Vorstellung
  - o In Vorstellung sind Infos enthalten
  - o Abbildtheorie: Wirklichkeit ist schon da

- **Kommunikationsmodell**

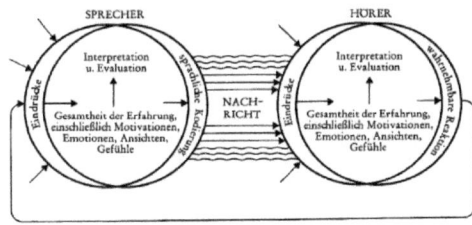

(Vgl. D. Bryant, K.Wallace 1947)

→ = falsches Modell
→ Vorstellungen werden in Sprache kodiert (mit Eigenschaften)

Zur Theorie der Sprechakte

→ John Longshaw Austin = Begründer der Sprechakttheorie ↗ How to do things with words; er warf anderen Philosophen vor, dass sie irrtümlicherweise dächten, sprachliche Bedeutung beschränke sich auf Wahrheitsbedingungen; seine Kritik zielt darauf ab, dass Sprachphilosophen in der Regel übersähen, dass eine Äußerung immer zugleich eine Handlung darstelle; in einer ersten Theorie unterscheidet Austin zunächst zwischen performativen und konstativen Äußerungen; performative Äußerungen können gelingen oder misslingen, während konstative wahr oder falsch sind; später verwirft er diese Theorie zugunsten einer Theorie, nach der jede Äußerung simultan drei Dimensionen haben kann: Lokution, Illokution, Perlokution

- **performativ vs. konstativ**
  - o konstative Äußerungen
    - ▪ treffen Feststellungen, die je nachdem, ob sie Tatsachen entsprechen oder nicht, wahr oder falsch sind
    - ▪ Äußerungen, die die Welt beschreiben
    - ▪ Bsp.: „Simon hat heute Geburtstag."; „Petra ist verheiratet"; „Es regnet."
  - o performative Äußerungen
    - ▪ stellen den Vollzug einer Handlung dar; sind weder wahr noch falsch
    - ▪ = sprachliche Handlungen
    - ▪ Bsp.: „Ich vermache dir meine Uhr."; „Ich taufe dich auf den Namen Peter."
    - ▪ können weiter unterteilt werden in:
      - • explizit performativ: erfolgen in der 1. P. Sgl. Ind. Präs.; „Ich warne dich...; Ich vermache dir..."; Ich wette...; Ich verspreche..."; „Ich warne dich, der Hang ist lawinengefährlich."
      - • primär (implizit) performativ: Äußerungsumstände deuten auf die Handlung; „Der Hang ist lawinengefährlich."

- **Gelingensbedingungen**
  - o (A.1) Es muss ein übliches konventionales Verfahren mit einem bestimmten konventionalen Ergebnis geben.
  - o (A.2) Die betroffenen Personen und Umstände müssen im gegebenen Fall für die Berufung auf das besondere Verfahren passen, auf welches man sich beruft. (z.B. kann nur der Prof. die Sitzung beenden, bei Student fkt. es nicht)
  - o (B.1) Alle Beteiligten müssen das Verfahren korrekt
  - o (B.2) und vollständig durchführen
  - o (Gamma.1) Wenn das Verfahren für Leute gedacht ist, die bestimmte Meinungen oder Gefühle haben, oder wenn es der Festlegung eines der Teilnehmer auf ein bestimmtes späteres Verhalten dient, dann muss, wer am Verfahren teilnimmt und sich darauf beruft, diese Meinungen und Gefühle wirklich haben, und die Teilnehmer müssen die Absicht haben, sich so und nicht anders zu verhalten,
  - o (Gamma.2) und sie müssen sich dann auch so verhalten

- **Performativität als Illokution**
  - o (i) *Locutionary act*: the utterance of a sentence with determinate sense and reference → Die Äußerung von Worten, die einem Vokabular angehören und einer Grammatik folgen. Auf dieser Ebene kann man die Äußerung auf ihre Wahrheit prüfen.
  - o (ii) *Illocutionary act*: the making of a statement, offer, promise, etc. in uttering a sentence, by virtue of the conventional force associated with it (or with its explicit performative paraphrase) → die Rolle der Äußerung, z. B. eine Entschuldigung, ein Befehl oder eine Feststellung.
  - o (iii) *Perlocutionary act*: the bringing about of effects on the audience by means of uttering the sentence, such effects being special to the circumstances of utterance

(Levinson 1983: 236) → Die unmittelbare Folge der Äußerung, z. B. die Verpflichtung, ein Versprechen einzuhalten.

↗ Bsp.: Die Berliner Runde (Elefantenrunde) am Tag der Bundestagswahl 2005 (Schröder hat eine BTwahl stattfinden lassen; Teilnehmer: Westerwell, Fischer, Merkel, Schröder, Stoiber, Biski

- **Wirklichkeitskonstruktion im Gespräch**
  - o Arnulf Deppermann (2005): Glaubwürdigkeit im Konflikt – Rhetorische Techniken in Streitgesprächen – Prozessanalysen von Schlichtungsgesprächen
  - o Wirklichkeitskonstruktion im Gespräch: Konstitutivität, Interaktivität, Prozessualität, Methodizität, Pragmatizität
  - o miteinander interagieren heißt, aufeinander bezogen zu handeln und damit auch voneinander abhängig zu sein
  - o Ein Anlaß, dieser Abhängigkeit gewahr zu werden und ihre Macht zu verspüren, entsteht, wenn die Selbstverständlichkeit des So-Seins der Welten, die wir im Gespräch aufbauen und die uns präsentiert werden, zweifelhaft wird.
  - o Wenn kein letzter Beweis zur Verfügung steht, wird klar, daß der Sprecher davon abhängig ist, daß ihm geglaubt wird, und daß der Rezipient davon abhängig ist, daß er dem Sprecher glauben darf.
  - o "Letzte Beweise" haben wir fast nie - und wenn, dann erweist sich meist, daß sie selbst kommunikative "Fakten" sind und nur für eine Seite "letzte Beweise" darstellen.
  - o unsere Wirklichkeit ist nicht von sich aus gegeben, sondern hängt von unseren interpretativen Leistungen ab
  - o Zusammenfassung: Unter Bezug auf neuere Entwicklungen der analytischen Sprachphilosophie wurde die Vorstellung von Sprache als Medium der Abbildung bzw. Repräsentation von Wirklichkeit verworfen. Sprache wird stattdessen als Werkzeug der sozialen Konstruktion von Wirklichkeit verstanden. Der empirischen Erforschung der Prinzipien von Wirklichkeitskonstruktion in Gesprächen haben sich v.a. die Ethnomethodologie (insbesondere die Konversationsanalyse) und die 'discursive psychology' gewidmet. Aus diesen Forschungen wurden fünf Basisprinzipien interaktiver Wirklichkeitskonstruktion gewonnen: Konstitutivität, Interaktivität, Prozessualität, Methodizität und Pragmatizität. Diese Basisprinzipien bilden grundsätzliche Determinanten, denen die Erforschung der Verhandlung von Glaubwürdigkeit in Gesprächen Rechnung tragen muß und die den Rahmen für meine eigene Untersuchung abstecken.

- **Konstitutivität**
  - o Wirklichkeit im Gespräch beruht auf aktiven Konstruktionsleistungen der Gesprächsteilnehmerinnen und -teilnehmer
  - o bei der darstellerischen Konstitution von Wirklichkeit sind folgende Prak3ken wirksam: Kategorisierung, Detaillierung, Selek3on und Kondensierung, Modalisierung und Kontextualisierung
  - o Wirklichkeit wird im Gespräch hergestellt
  - o Modalität = Art meines Wirklichkeitsbezuges; Modalisierung = welchen Wirklichkeitsbezug ich meinen Äußerungen gebe
  - o = Dinge kategorisieren, detaillieren, herauspicken
  - o Bsp.: In Elefantenrunde wird Status durch Redeabfolge konstituiert; Statusfragen durch Schröder „Schön, dass sie mich jetzt schon ansprechen."

- **Interaktivität**
  - Wirklichkeit wird von Interaktanden ausgehandelt
  - Äußerungen werden auf die Rezipienten zugeschnitten (recipient design)
  - Wirklichkeitskonstruktionen gelingen nur dann, wenn
    - Darsteller zeigen, wie sie das Gesagte aufgefasst wünschen
    - Interaktionspartner zeigen, dass sie das Gesagte aufnehmen und wie sie es verstehen
    - Darsteller zeigen wiederum, ob sie das dokumentierte Verständnis akzeptieren
  - Intersubjektivität wird „öffentlich" hergestellt, Bedeutung wird interaktiv ausgehandelt
  - Immer wieder gegenseitiger Versicherung, dass man sich versteht → wir brauchen Feedback der Interaktionspartner
- **Prozessualität**
  - Wirklichkeitskonstruktion ist ein prozessuales Geschehen
  - Im Verlauf von Gesprächen werden Sachverhalte entwickelt, Themen gewechselt, Auffassungen revidiert oder bestritten etc.
  - Jede Äußerung knüpft an einen Kontext an, der durch Verlauf und momentanen Stand des Gesprächs gegeben ist
  - Interaktanden signalisieren Differenz-, Kontinuitäts- und Kohärenzrelationen der gegenwärtigen Äußerung zum vorherigen Interaktionsgeschehen
  - Wir können Themen wechseln

- **Methodizität**
  - Interaktanden benutzen methodische organisierte Verfahren der Darstellung mit denen sie Wirklichkeit konstruieren
  - Sie verfügen über kulturell verbreitete Muster, mit denen sie die Aufgabe, Wirklichkeitsdarstellungen zu konstruieren und zu interpretieren, bewältigen können
  - Spezifische Methoden der Wirklichkeitsdarstellung sind Kategorisierungsverfahren, Schemata der Sachverhaltsdarstellung (Beschreiben, Erzählen oder Argumentieren) und rekonstruktive kommunikative Gattungen (Prüfungsgespräch, Talkshow)
  - wir bedienen uns fertiger Muster
  - Das Wort erteilen und ausreden lassen → explizite Bezüge zu den Normen der kommunikativen Gattung

- **Pragmatizität**
  - Wirklichkeiten werden konstruiert nach Maßgabe praktischer Relevanzen, an denen die Interaktanden ihr Handeln ausrichten
  - Wirklichkeitsdarstellungen sind selbst Handlungen und Interaktanden verfolgen Interessen, denen diese Darstellungen dienen sollen
  - Darstellungen sind daher nie neutrale Beschreibungen, auch wenn sie von den Darstellern als solche charakterisiert werden
  - Wirklichkeitsdarstellungen sind immer interessengeleitet; wir handeln mit bestimmten Zielen und Intentionen; wir sind nicht subjektiv

3. Vorlesung – Gesprächslinguistik 2: Anwendungsbeispiele

Interaktionsrituale

- **Interaktionsrituale**
  - o Warum wir nicht „Nein" sagen können → weil wir uns an festen Mustern orientieren → Funktion des Bittens ist durch kommunikative Mittel geknüpft an die Erfüllung der Bitte
  - o es sind die Rituale, die uns kommunizieren; indem wir uns Ritualen bedienen, schreiben wir uns Intention zu
  - o Intentionen sind schon in kommunikative Mittel mit eingeschrieben („Kniee nieder und bewege die Lippen wie zum Gebet und du wirst glauben.")
  - o Verbeugung = performativer Akt mit dem Entschuldigung vollzogen wird; konventionalisiertes Verhalten; muss korrekt und vollständig vollzogen werden, damit sie ihre soziale Konstruktionskraft entfalten kann; es hängt nicht nur vom Sprechakt der Entschuldigung ab, sondern auch davon, ob andere Person die Entschuldigung akzeptiert
  - o alles, was wir tun muss durch Gesellschaft abgesichert werden, ansonsten gilt es nicht
  - o mögliche Erklärung für Verbeugung = Konventionalisierung → nicht intendierter Effekt, dass Menschen nach ähnlich gerichteten Prinzipien handeln

- **Erving Goffman (1922-1982)**
  - o Werk: Interaktionsrituale – Über Verhalten in direkter Kommunikation
  - o *Indexikalität* (Garfinkel):
    - ▪ Interaktanden verfolgen eine Strategie, ein Muster verbaler und nichtverbaler Handlungen, mittels derer sie fortwährend
      - • ihre Beurteilung der Situation und dadurch
      - • ihre Beurteilung der anderen Teilnehmer und ihrer selbst zum Ausdruck bringen.
  - o *Face* (Image):
    - ▪ positiver sozialer Wert
    - ▪ durch Verhaltensstrategie erworben
    - ▪ Selbstbild von den eigenen, sozial anerkannten Eigenschaften
    - ▪ Interaktion ist stets Arbeit am face
    - ▪ = Dreh- und Angelpunkt der sozialen Ordnung
    - ▪ = Erklärung, was zum Bsp. in Situation der Entschuldigung passiert
    - ▪ = unser Image in einer Gruppe von Menschen; wie andere Menschen über einen denken; Bild von einer Person, das Eigenschaften enthält, die von anderen Personen zugeschrieben werden; = etwas soziales
    - ▪ Man hat, besitzt, oder wahrt ein face ...
      - • wenn das eigene Verhalten ein konsistentes face vermittelt,
      - • wenn dieses face durch das Handeln der anderen Teilnehmer bestätigt wird und
      - • wenn dieses face durch Situation und Umgebung bestätigt wird.
    - ▪ Beispiel: Face-Verletzung: Interview am 09. Nov. 1995; Gesprächsthema: Mauerfall am 09. Nov. 1989; Teilnehmend: A Ehemann (52 Jahre alt, Lehrer), B Ehefrau (49 Jahre alt, Lehrerin), I Interviewerin; I, A und B lassen deutlich Berliner Dialekt erkennen → Kritik an Zeitzeugen, dass sich dies geirrt hätten = Face-Verletzung; Interviewerin korrigiert A&B; A&B versuchen Image wieder herzustellen; unsere ganze Interaktion kreist darum, dass wir immer wieder versuchen, ein positives Face herzustellen

- o Warum „Interaktionsrituale"?
  - „Ein Ritual ist eine mechanische, konventionalisierte Handlung, durch die ein Individuum seinen Respekt und seine Ehrerbietung für ein Objekt von höchstem Wert gegenüber diesem Objekt oder seinem Stellvertreter bezeugt."(S. 50f)
  - „Das Image eines Menschen ist etwas Heiliges und die zu seiner Erhaltung erforderliche expressive Ordnung deswegen etwas Rituelles."(S. 25)
    Goffman, Erving (1971): Interaktionsrituale. Über Verhalten in direkter Kommunikation. Frankfurt am Main.
  - Für Herstellung des Images nutzen wir feste Regeln/Verfahren = Interaktionsrituale
- o „Face"und soziale Ordnung:
  - Das face ist der Dreh- und Angelpunkt sozialer Ordnung:
    - durch das face hat die rituelle Ordnung auf das Individuum Einfluss
    - das face und die Techniken seiner Konstitution und Pflege bedingen die Struktur der sozialen Interaktion
- o Interaktionsrituale und soziale Ordnung
  - „Soziales Leben ist eine klare, ordentliche Angelegenheit, weil man sich freiwillig von Orten, Themen und Zeitpunkten fernhält, wo man nicht erwünscht ist und verachtet werden könnte, wenn man sich einmischt. Man kooperiert mit anderen, um sein Image zu wahren, und wir merken, dass man viel gewinnen kann, wenn man nichts riskiert."
    Goffman, Erving: Interaktionsrituale. S. 51.
  - Zusammenleben in der Gesellschaft fu8nktioniert nur, weil sich die meisten Menschen an Interaktionsrituale halten

- **Rituelle Muster in Gesprächen**
  - o (1) Korrektive Austäusche: Ersuchen, Schuldbekenntnis, Bestreiten, Rechtfertigen, Entschuldigen
  - o (2) Bestätigende Austäusche: Begrüßungshandlungen, Abschiedshandlungen, Sich-Vorstellen, Komplimente, Gratulieren und Kondolieren, Angebote, Sich-Bedanken

↗ Studie von Scharloth: Zur sozialen Konstruktion von Begrüßungsritualen im Japanischen unter formal Statusgleichen - Wie konstruieren Menschen durch die Art ihres Grüßens soziale Identität → Fazit: Geschlecht ist wichtige Hintergrundvariable, determiniert aber nicht die Wahl des Grußmusters; Ethnische Unterschiede und der Faktor Attraktivität sind nur geschlechtsspezifisch wirksam

Performativität

↗ Sprechakttheorie → performative Äußerungen = Äußerungen, die Wirklichkeit herstellen

- **Eigenschaften performativer Handlungen ↗ Bsp.: Fahrkartenkontrolle**
  - o Selbstreferenzialität
  - o Korporalität
  - o Rezeptivität
  - o Ästhetizität/Markiertheit
  - o Transformativität
  - o Musterhaftigkeit

- **Selbstreferenzialität**
  - o Performative Akte referieren nicht auf vorgängige Substanzen, sie repräsentieren keine vorgängige Realität
  - o Sie produzieren oder affirmieren soziale Entitäten im Handlungsvollzug

- **Korporalität/Körperlichkeit**
  - o performative Akte müssen körperlich vollzogen werden
  - o es gibt keine semiotischen oder medialen Ersatzhandlungen

- **Rezeptivität**
  - o Performative Akte werden im Bewusstsein, wahrgenommen zu werden, vollzogen
  - o Unterschied zu reinen Routinehandlungen
  - o z.b. jemandem die Tür aufhalten
- **Ästhetizität/Markiertheit**
  - o Performative Akte sind ästhetisch elaboriert
  - o Ihre Form kann nicht allein aus ihrer Funktion erklärt werden

- **Transformativität**
  - o Performative Akte haben das Potenzial soziale Wirklichkeit hervorzubringen
  - o Mindestens wirken sie sozial affirmativ
  - o müssten wir z.b. Fahrkartenkontrolle vorspielen, würden wir es genauso machen, wie es in der Realität abläuft

- **Musterhaftigkeit /Repetivität**
  - o Performative Akte sind an Mustern orientiert
  - o diese Muster sind Sedimentationen früherer Handlungen in geregelten Kontexten
  - o gilt besonders für Rituale und Ritualisierungen

- **Eigenschaften performativer Akte**
  - o performative Akte existieren in einem Kontinuum:
    - ▪ ästhetisch und sequentiell elaboriert und differenziert (z.B. staatliches Zeremoniell) vs.
    - ▪ schematisiert und reduziert (Konvention)

- **Symbolische Ordnung und ihr Wandel**
  - o Die soziale Konstruktion der Wirklichkeit
    - ▪ Wirklichkeit der Alltagswelt als soziale Konstruktion
      - • Die Wirklichkeit konstituiert und reproduziert sich durch die Interaktion der in ihr handelnden Individuen
    - ▪ Wirklichkeitscharakter
      - • obwohl sie sozial konstruiert ist, wird sie als objektive Wirklichkeit erlebt
      - • „Sie ist einfach da – als selbstverständliche, zwingende Faktizität." (Berger/Luckmann 1977)
    - ▪ Genese der symbolischen Ordnung
      - • Wiederholung und Sedimentierung
      - • Institutionalisierung von Zeichenhandlungen typisierter Akteure

    - ▪ Wandel
      - • Symbolische Ordnung wird in jedem Augenblick im Handeln neu geschaffen
      - • Codewandel als universale Eigenschaft: schon die Anwendung traditioneller Muster in neuen Kontexten bedingt Wandel

→ Wir konstruieren nicht spontan, sondern wir bedienen uns Mustern

- **Kultur als Text**
  - o Kulturelle Phänomene als strukturierter Zusammenhang von Einzelelementen, denen bestimmte Bedeutungen zugeschrieben werden können

- **Ereignischarakter von Kultur**
  - o Interesse an den Tätigkeiten, Handlungen, Austauschprozessen, Veränderungen und Dynamiken, die kulturelle Phänomene überhaupt erst konstituieren

- **Performanz als Interaktionsmodalität**
  - o Kommunikation
    - „Grundbegriff der Linguistik (Pragmatik, Soziolinguistik, Psycholinguistik). Zwischenmenschliche Verständigung, reflexives sprachliches Handeln, intentionales Mitteilen von Zeichen, vor allem durch Sprache als besondere und zugleich fundamentale Form sozialer Interaktion; absichtsgelenktes und zielgerichtetes, auf das Bewusstsein von Partnern einwirkendes und eigenes Bewusstsein veränderndes Handeln"
    - Theodor Lewandowski, Linguistisches Wörterbuch, Band 2, 5., überarbeitete Auflage
  - o Kommunikativität
    - Performative Akte sind an der Grenze dessen angesiedelt, was man Kommunikation nennen kann.
    - Sie sind nicht Ausdruck von subjektiv Gemeintem mit dem Ziel, Informationen zu übermitteln.
    - Performative Akte sind koordiniertes Handeln in mit sozialen Intentionen aufgeladenen Mustern. Das Muster verpflichtet auf die Intention (Exterritorialität des Geistes).

→ Soziolinguistik setzt sprachliche Variation mit sozialer Ungleichheit in Beziehung; wie spiegelt sich gesellschaftl. Differenz in Sprache wider?; Gegenstand der soziolinguistischen Untersuchungen ist einerseits die soziale, politische und kulturelle Bedeutung sprachlicher Systeme und der Variationen des Sprachgebrauchs sowie andererseits die kulturell und gesellschaftlich bedingten Einflüsse auf die Sprache

- **William Labov**
  - 1927 geb.
  - = einer der Väter der Soziolinguistik
  - Werk: The Social Stratification of English in New York City
  - Labov machte Experiment = eine der Untersuchungen, die Sozioling. gemacht hat
  - Experiment: Fragte VerkäuferInnen in Kaufhäusern, wo die und die Abteilung ist; hat dann so getan, als hätte er die Antwort nicht verstanden und hat nochmals um Wiederholung der Antwort gebeten
  - Feldexperiment / "rapid an anonymous survey"
    - Hypothese: die Realisierung des Phonems /r/ in postvokalischer Position korreliert in New York mit der sozialen Klasse des Sprechers / der Sprecherin
    - Experiment:
      - abhängige Variable: Realisierung des Phonems /r/
      - unabhängige Variable: soziale Klasse
    - Operationalisierung unabhängige Variable: Verkäufer in Warenhäusern unterschiedlichen Niveaus
    - Operationalisierung abhängige Variable: Aussprache der Wörter „fourth-floor" in zwei Stilen
    - Operationalisierung = man ordnet Variablen beobachtbare Dinge zu
    - Untersuchungsdesign: Frage nach Produkten im vierten Stock; Nachfrage
  - Ergebnisse:
    - Die Realisierung von [r] korreliert mit der (höheren) Klasse des Geschäfts
    - Die Realisierung von [r] nimmt beim sorgfältigen Artikulationsstil zu
    - Ähnliche Ergebnisse auch bei der Berücksichtigung des Rangs der Angestellten (Management, Verkäufer, Regaleinräumer)
    - Allgemein: Zusammenhang zwischen Realisierung bestimmter Phoneme und der Klasse einer Person (s.a. Bronx vs. Staten Island)
  - Ein weiterer Faktor
    - Labov hatte bei seinem Experiment erwartet, dass die Ergebnisse den Einfluss von Prestige auf den Sprachgebrauch belegen
    - Aber es zeigte sich auch ein Unterschied zwischen sorgfältiger und informeller Artikulation
    - In einer Follow-up-Studie untersuchte er daher die Realisierung von /r/ in unterschiedlichen Sprechstilen bei unterschiedlichen sozialen Schichten
  - Aussprache und Stil
    - Die Realisierung der Prestigeform nimmt mit der Formalität des Stils zu
    - Je höher die Klasse, desto frequenter der Gebrauch der Prestigeform – mit einer Ausnahme: lower middle class hatte auf einmal hohe Realisierung von /r/ → durch Hyperkorrektur
    - Bei hoher Aufmerksamkeit auf Realisation sind Personen der lower middle class bestrebt, sich zu verbessern → Auftsiegsorientierung

Exkurs in die deutsche Dialektgeographie

- **Wenkersätze**
  - o 1876 schickte Georg Wenker eine Liste von 42 deutschen Sätzen an Lehrer im ganzen Land.
  - o Er bat die Lehrer um Transkription dieser Sätze in dem Dialekt ihres Wohnorts.
  - o Bis 1895 erhielt Wenker 48,500 ausgefüllte Bögen aus dem gesamten Deutschen Reich
  - o Er benutzte sie, um detaillierte Karten erstellen zu lassen, die zentrale Aspekte der Variation in der deutschen Sprache visualisierten

Grundbegriffe der Sozioloinguistik

- **Grundbegriffe**
  - o Variable: veränderliche sprachliche Einheit
  - o Variante: eine Realisierungsform einer Variable
  - o Variation: Phänomen der systembezogenen Abweichung; die Möglichkeit unterschiedlicher Realisierungen einer Einheit des Sprachsystems in einer konkreten Äußerung
  - o Varietät: besonders wichtig in Soziol.; System von Varianten: eigenes Sprachsystem innerhalb einer Gesamtsprache / Verdichtungsbereich im Variantenraum einer Gesamtsprache (z.B. Jugendsprache)(Soziolekte, Sondersprachen); bestimmte Ausprägung einer Einzelsprache, die diese Einzelsprache ergänzt, erweitert oder modifiziert, jedoch nicht unabhängig von dieser existieren kann

- **Variablentypen**
  - o Marker: sind solche Variablen, die soziale Differenzierung anzeigen und die den Mitgliedern einer Sprachgemeinschaft auch bewusst sind; Formen, von denen sie wissen, dass man sie als Angehöriger einer Klasse erkennt
  - o Indikator: Indikatoren repräsentieren zwar auch soziale Unterschiede, allerdings werden sie von den Sprechern einer Sprachgemeinschaft nicht als sozial differenzierend wahrgenommen. Nur der linguistisch geschulte Hörer ist sich der Unterschiede bewusst.
  - o Stereotyp: Stereotypen sind Formen, die sozial markiert sind, d.h. sie sind im Bewusstsein der Mitglieder einer Sprachgemeinschaft als Marker verankert. Allerdings müssen sie nicht der Wirklichkeit adäquat sein. D.h. bestimmte Variablen können als Marker für die Varietät einer bestimmten Gruppe gelten, ohne dass dies wirklich der Fall wäre.

- **Varietätenraum**

Varietätenraum
(nach: Gibbon 1998)

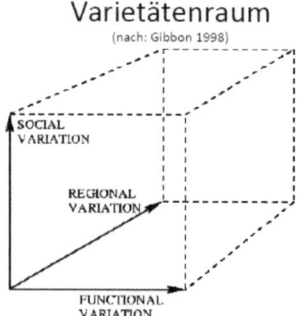

- o Social Variation: hier erklärt Schichtzugehörigkeit die Varietät
- o Regional Variation: hier erklärt Raum in dem ich lebe Varietät
- o Functional Variation: hier erklärt Zweck und Intention Varietät
- o heute erklärt man Varietät eher aus Lebensstil heraus

- **Variationsraum: Dimensionen und Varietäten**

Dimension	Kriterium	Varietäten
Diatopik	Raum	Dialekte auch: Regiolekte, Stadtsprachen, …
Diastratik	Soziale Schicht	Soziolekte: Schicht-, Gruppensprachen, Alters-, Geschlechtersprachen,…
Diaphasik	Situation (aktuelle Redekonstellation)	Funktiolekte: Funktionalstile, Mediolekte, Situolekte, …
Diachronie	Zeit	Existenzformen / Sprachzustände: etwa: Urslavisch, Altostslavisch, Altrussisch, Altpolnisch, Alttschechisch,…

- **Erweitertes Varietätenmodell**

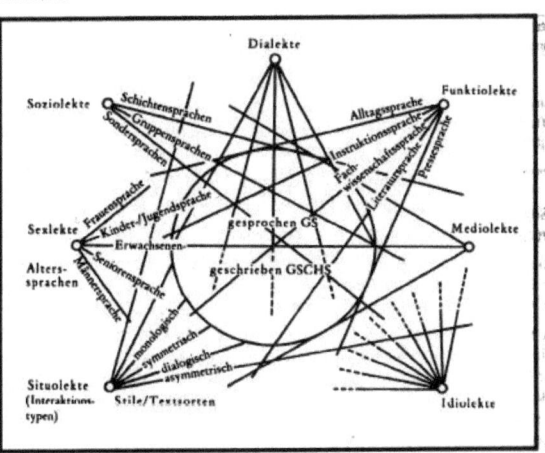

Löffler, Heinrich. 20053. Germanistische Soziolinguistik. Berlin: Schmidt.

Anfänge der Soziolinguistik in Deutschland

- **Sprachcodes nach Bernstein**
  - o Basil Bernstein hatte großen Einfluss auf deutsche Linguistik
  - o verschieden theoretische Positionen über die Auswirkungen der Schule auf die gesellschaft-liche Ungleichheit → soziale Ungleichheit wird durch Sprache hergestellt
  - o Eine betont die Sprachlichen Fertigkeiten der Schüler
  - o Basil Bernstein geht davon aus, dass Kinder mit unterschiedlichem Hintergrund in den frühen Jahren unterschiedliche Sprachstile, Codes entwickeln, die ihre späteren schulischen Erfahrungen beeinflussen

- 1. Restringierter Sprachcode:
  - Unterschicht
  - situativ, kontextgebunden
  - Grammatisch einfache und oft unvollständige Sätze
  - seltener Gebrauch von Nebensätzen
  - Sätze werden mit einfachen Konjunktionen verbunden
  - Starre Auswahl von Adjektiven und Adverbien
  - Häufige Verwendung von tradi3onellen Wendungen und Aphorismen, die einen geringen Grad der Allgemeinheit aufweisen
  - Tatsachenfeststellungen werden wie Begründungen verwendet
- 2. Elaborierter Sprachcode:
  - Mittelschicht
  - kontextunabhängig
  - Sätze sind grammatisch sauber konstruiert
  - Grammatisch komplexe Satzkonstruktionen mit Nebensätzen und differenzierten Konjunktionen. Der Sprecher geht kreativ mit ihnen um.
  - Differenzierte Auswahl von Adjektiven und Adverbien
  - größere Abstraktionsfähigkeit, subjektive Ansichten und Gefühle können verbalisiert werden
  - Tatsachenfeststellung und Begründung getrennt
- Bedeutung der Sprachcodes
  - Nach Bernstein nehmen Kinder aus der Unter- und der Mittelschicht bereits die Sprache des Lehrers unterschiedlich auf.
  - Bernstein vertritt als erster die These, dass die Unterschicht-Kinder den elaborierten Code, in der Schule schlechter verstehen als die Mittelschicht-Kinder
  - Die sprachliche Kompetenz, welche die passive Sprachfähigkeit des Kindes prüft, zeigt immer wieder, dass schon im Aufnehmen dessen, was die Schule bietet, Unterschichtkinder vor ganz anderen Problemen stehen, als Mittelschichtkinder
  - Die Sprachbarriere zwischen Unterschicht und Mittelschicht hat aber nicht nur eine inhaltliche, sondern auch eine soziale Funktion.
  - Ein Lehrer signalisiert durch den Gebrauch eines anderen Sprachcodes dem Schüler, der diesen Code nur schwer verstehen kann, auf der Beziehungsebene der Kommunikation unbewusst und ungewollt eine negative Beziehung.
  - Ohne es zu wissen, schafft der Lehrer allein durch den Gebrauch seiner Sprache, der wirksamsten aller Distanzierungstechniken, eine kommunikative und affektive Barriere zwischen sich und dem Schüler.
  - Schule ist wesentlicher Ort, wo Klassenunterschiede zementiert werden
  - LehrerInnen schreiben SchülerInnen Klasse zu
- Defizithypothese
  - Restringierter Kode ↔ Unterschicht
  - Elaborierter Kode ↔ Mittelschicht
  - Kriterien:
    - Unterschiede im Satzbau
    - Unterschiedlich großer Wortschatz
    - Unterschiedliche Explizität des Ausdrucks
  - Konsequenzen:
    - Sprache beeinflußt Denken, daraus schichtenstabilisierende Benachteiligung der Unterschicht
    - „Sprachbarrieren"
    - „kompensatorische Erziehung"
  - Restringierter Kode lässt die Unterklasse stiller werden in der Öffentlichkeit

- o Differenzhypothese
  - Von William Labov entwickelt
  - Varietäten sind im Hinblick auf die Breite und Differenziertheit der Ausdrucksmöglichkeit und damit auch hinsichtlich der Erfassung logischer Zusammenhänge funktional äquivalent

5. Vorlesung – Soziolinguistik 2: Kommunikative soziale Stile

Theorie der Standardsprache

- **Theorie der Standardsprache**
  - o Standardsprachenideologie I: Wozu braucht man Standardsprachen?
  - o Definition „Standardvarietät"
  - o Standardsprachenideologie II: Was macht eine sprachliche Form zum Standard?
  - o Verhältnis Nation – Standardsprache
  - o Monozentrismus und Plurizentrizität
  - o Domänen des Standarddeutschen in der Deutschschweiz
  - o Bilingualismus oder Diglossie?
  - o Sprachpolitik in Österreich

- **Standardsprachenideologie I – Wozu braucht man eine Standardsprache?**
  - o *Rationalistisches Argument:* Verständlichkeit sichern
  - o *Machtanalytisches Argument:* Sicherung gesellschaftlich etablierter Deutungsschemata, die Angemessenheit oder Korrektheit des Gegenstandsbezuges
  - o *Kognitivistisch-sittliches Argument:* die kognitiven und/oder emotionalen Konsequenzen bestimmter Sprachverwendungen, die Beschaffenheit sprachlicher Erscheinungen als Grundlage der Intelligenz/Sittlichkeit des Menschen
  - o *Gesellschaftspolitisches Argument:* Integrationsleistung, Ausbildung einer gemeinsamen

- **Definition „Standardvarietät"**
  - o Schriftlichkeit
    - mündlich konzipierte schriftliche Texte (E-Mail,SMS)
    - Gebrauch von Dialekt im Medium Schrift
  - o Überregionalität
    - regionale Variation der Standardsprache
  - o Oberschichtlichkeit
    - durch Vermittlung in der Schule nicht mehr Schichtgebunden
  - o Invarianz
    - keine Variation s. z.B. Nachschlagewerke
    - stilistische und regionale Variation der Standardsprache
  - o Ausgebautheit/Multifunktionalität
    - Standardsprache kann überall benutzt werden
    - Dialekte sind in gleicher Weise funktional wie die Standardvarietät
  - o Kodifiziertheit
    - dadurch unterscheidet sich Standardsprache von anderen Sprachen
    - es gibt normative Werke, in denen Regeln des Gebrauchs niedergeschrieben sind

- **Definition „Standardvarietät"**
  - o „Eine Standardvarietät ist die Gesamtheit jener kollektiven Realisierungen des Sprachsystems, die durch eine Standardnorm geprägt sind."
  - o „Eine Standardnorm ist das Wissen um die Gesamtheit derjenigen kollektiven Realisierungen des Sprachsystems, die von der Gesellschaft als richtig und vorbildlich aufgefasst werden."
    Ammon, Ulrich (1995) Die deutsche Sprache in Deutschland, Österreich und der Schweiz. Das Problem der nationalen Varietäten. Berlin, New York: de Gruyter
  - o Die Beherrschung der Standardsprache ist ein Wissen um jene Formen einer historischen Gesamtsprache, die als 1. richtig und 2. vorbildlich aufgefasst werden
  - o Standardsprachen haben immer eine sozialsymbolische Ladung

- **Standardsprachenideologie II: Was macht eine sprachliche Form zum Standard? (Argumente für Standardsprachformen)**
  - o *Kulturelitäres Argument:* Sprachgebrauch kultureller Autoritäten (z.B. von Schriftstellern)
  - o *Rationalistisches Argument:* Zweckrationalität und Verständlichkeit
  - o *Sprachrichtigkeitsargument:* linguistische Strukturgemäßheit (es gibt bestimmte Regeln und Regeln sollten allgemein gehalten werden; z.b. Autoren von Zeitungen)
  - o *Sprachgebrauchsargument:* dominierende Auftretenshäufigkeit (was gesprochen wird ist die Regel)

→ lange Zeit wurde so argumentiert, dass die Standardsprache die Sprache der Schriftsteller sei

- **Soziales Kräftefeld der Standardsprache**

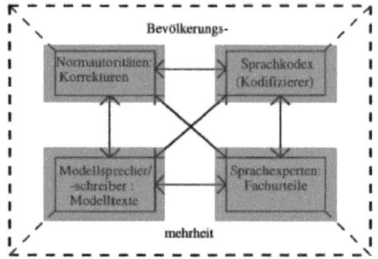

Sprache und Nation

→ Standardsprachen schaffen Gemeinschaften

- **Verhältnis Nation – Standardsprache**
  - o Assoziation: 1 Nation eine (Standard)Sprache (= der Sonderfall)
    - ▪ z.B. Island – Isländisch; Japan – Japanisch
  - o 1 Nation > 1 (Standard)Sprache
    - ▪ z.B. Norwegen: Bokmal, Nynorsk
  - o > 1 Nation haben 1 (Standard)Sprache (= mehrere Nationen teilen sich eine Sprache)
    - ▪ z.B. Französisch, deutsch, Serbisch = plurizentrische Sprachen

- **Monozentrismus**
  - eine Nation ↔ eine Sprache ↔ eine Standardnorm
  - nur eine Minderheit beherrscht die Norm ‚korrekt'
  - Norm wird ‚zentral verwaltet'
  - Variation (an der Peripherie) gefährdet Einheit der Sprache

  = monozentrische Auffassung von Sprache
  (nach Muhr 2005: 12-13)

- **Monozentrismus**
  - Eine monozentrische Auffassung in Bezug auf plurizentrische Sprachen führt zu einer *Asymmetrie* zwischen einer *dominierenden* (D-)Varietät und *nicht-dominierenden* (ND-) Varietäten
  - Asymmetrie zeigt sich u.a. so:
    - D-Nation betrachtet D-Varietät als korrekt und ND-Varietät als davon abweichend, exotisch, ‚herzig' o.ä.;
    - (gebildete) Sprachbenutzer aus ND-Nationen orientieren sich an der D-Varietät;
    - bei Kommunikation zwischen D- und ND-Sprachbenutzer: Konvergenz in Richtung D-Varietät.
    (vgl. Clyne .2004)

- **Monozentrismus**
  - Zwei Extreme:
    - Plurizentrische, aber „faktisch monozentrische" Sprachen z.B. Russisch, Französisch
    - Plurizentrische Sprachen, die in eigenständige (monozentrische) Standardsprachen (zu) zerfallen (drohen) z.B. Serbisch → Serbisch und Montenegrinisch

- **Plurizentrismus**
  - Plurizentrische Sprachauffassung:
    - eine Standardsprache verfügt über verschiedene *nationale Zentren*
    - „nationales Zentrum" = „Nation [...] die über eigene (nationale) Varietät [...] einer Sprache verfügt" (Ammon)
    - Was ist eine *nationale Varietät*?

Deutsch als plurizentrische Sprache

- **Deutsch als plurizentrische Sprache**
  - Nationale Varietät: enthält spezifische nationale Varianten (vereinfacht nach Ammon 1995:72)
  - Damit gilt:
    - (Mindestens) D, A und CH besitzen eine eigene nationale Varietät des Deutschen;
    - (mindestens) sie bilden *nationale Zentren* des Deutschen

↗bairischer Sprachraum, alemannischer Dialektraum

- **Variantentypen (Retti Gregor (1999): Austriazismen in Wörterbüchern; Abhandlung über das österreichische Wörterbuch)**
  - spezifische nationale Variante (Marille)
  - regionale nationale Variante (Fleischhauer)
  - unspezifische nationale Variante (Erdapfel)
  - unspezifische nationale Variante (Dult)
  - sehr unspezifische nationale Varianten (Orange)
  - sehr unspezifische nationale Varianten (Jassen)
  - keine nationale Variante
  - keine nationale Variante (alles, was überall ein bisschen vorkommt)

Retti, Gregor (1999):
Austriazismen in Wörterbüchern.
Zum Binnen- und Außenkodex
des österreichischen Deutsch.
Phil. Diss. Innsbruck.

→ A= Österreich; grau = bedeutet, dass eine Variante gesprochen wird; anderen beiden Kästchen = Dtl. Und Schweiz; von links nach rechts: Marille, Fleischhauer, Jassen, Orange, keinen nationale Variante, keine nationale Variante, Dult, Erdapfel

- **Varianten**
  - Frequenzvarianten als Ausweg?
  - Frequenzhelvetismus: sprachliche Erscheinung, die gemeindeutsch ist, aber im Schweizerhochdeutschen besonders häufig vorkommt
    (nach Haas 2000:100)

- **Theorie der Plurizentrität**
  - *plurinationaler* Ansatz
    - geht von der einzelnen Nation aus
    - fokussiert auf die *Kommunikationsgemeinschaft*
  - *pluriarealer* Ansatz
    - geht von (Deutsch als) *Standardsprache* aus
    - betont *Überschneidungen* über Staatsgrenzen hinweg und *Uneinheitlichkeit* (des Deutschen) innerhalb nationaler Grenzen
      (Muhr; Markhardt)

Linguistik als Akteurin der Standardsprachpolitik

- **Linguistik als Akteurin**

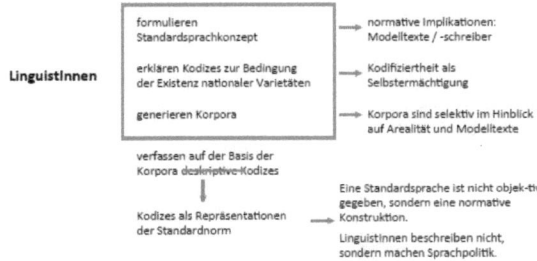

Linguistlnnen

formulieren Standardsprachkonzept	→ normative Implikationen: Modelltexte / -schreiber
erklären Kodizes zur Bedingung der Existenz nationaler Varietäten	→ Kodifiziertheit als Selbstermächtigung
generieren Korpora	→ Korpora sind selektiv im Hinblick auf Arealität und Modelltexte

verfassen auf der Basis der
Korpora ~~deskriptive~~ Kodizes
↓
Kodizes als Repräsentationen
der Standardnorm

Eine Standardsprache ist nicht objek-tiv gegeben, sondern eine normative → Konstruktion.
Linguistlnnen beschreiben nicht, sondern machen Sprachpolitik.

Die Sprachsituation in der Deutschschweiz

- **Das Verhältnis von Dialekt und Standarddeutsch in der Schweiz im 20. Jh.**
  - o Schweizerdeutsch als Umgangssprache aller DeutschschweizerInnen
  - o kein Kontinuum zwischen Schweizerdeutsch und Standarddeutsch
  - o hoher Stellenwert der Dialekte (dringen immer weiter in Schriftlichkeit ein)

- **Das Verhältnis von Dialekt und Standarddeutsch in der Schweiz im 20. Jh.**
  - o **Mundartwellen**
    - «In absehbarer Zeit wird die Verkehrssprache in Städten wie Basel und Zürich hochdeutsch sein» (H. Morf: «Deutsche und Romanen in der Schweiz», 1901)
    - Zweiter Weltkrieg: Mundart im Dienst der geistigen Landesverteidigung
    - Vorschlag des Zürchers Emil Baer: eine neue alemannische Schriftsprache einführen (1936)
    - 60er Jahre: öffentliche Kommunikation findet zunehmend im Dialekt statt

- **Domänenverteilung**

Standarddeutsch:	*Schweizerdeutsch:*
-eher formelle Situationen	-v.a. privater Bereich: informelle Gespräche
-Schule	- auch formelle Gespräche (z.B. berufliche Besprechungen)
- Nachrichtensendungen im Fernsehen und Radio	-viele Radio- und Fernsehsendungen
- Schriftsprache: Artikel in Zeitungen und Zeitschriften Korrespondenz der grösste Teil der Literatur	- teilweise in der Werbung und in Kontaktanzeigen
- im Kontakt mit Anderssprachigen	- schriftlich: teilweise SMS und E-Mails
- früher: Kirche, Militär	

- **Bilinguialismus oder Diglossie?**
  - ○ Deutschschweizer Sprachensituation: Bilingualismus oder Diglossie? = 2 Konzepte
  - ○ *Bilingualismus*:
    - ▪ Ursprung in der Spracherwerbsforschung
    - ▪ Bezeichnung der Kompetenz mehrsprachiger Individuen
    - ▪ später: Ausweitung auf ganze Sprachgemeinschaften
    - ▪ Cline 1997:
      - offizieller Multilingualismus
      - de-facto-Multilingualismus
  - ○ *Diglossie*:
    - ▪ von der Soziolinguistik geprägt
    - ▪ nach Ferguson (1959):
      - Sprachsituationen mit zwei stark divergierenden Varietäten der gleichen Sprache
      - spezifische Roller der Varietäten (Funktion, Prestige, Erwerb etc.)
    - ▪ mediale Diglossie
  - ○ Bilingualismus oder Diglossie?
    - ▪ Bilingualismuskonzept: Entscheidung für den Fremdsprachencharakter des Standarddeutschen
    - ▪ Neuere Definitionen: enthalten das Kriterium der Fremdsprachigkeitder beiden in einer Bilingualismussituation vorhandenen Idiome nicht mehr
    - ▪ Diglossie-Konzept: Das Kriterium, nach dem die beiden Idiome Varietäten derselben Sprache sein müssen, ist nicht mehr gültig
    - ▪ Die beiden Konzepte stehen sich nicht mehr als entgegengesetzte Pole einer zweidimensionalen Achse gegenüber
    - ▪ Diglossie kann als Sonderfall des gesellschaftlichen Multilingualismus bestimmt werden

Standarddeutsch in der Schweiz: Ein Wahrnehmungsexperiment

- **„Helvetismus" Definition**
  - ○ „[...] sprachliche Erscheinungen, die nur in standardsprachlichen Texten schweizerischer Herkunft verwendet werden, in unserer Standardsprache aber durchaus üblich sind."
    (Haas, Walter (2000): Die deutschsprachige Schweiz.) (unsere = Schweiz)
  - ○ Helvetismus nach Geltung vs. Helvetismus nach Geltung und Bekanntheit (Ammon, Ulrich)
  - ○ Mundartnaher Helvetismus: Helvetismus, der dialektal motiviert ist, aber zur Standardsprache gehört
  - ○ Mundartlicher Helvetismus: Helvetismus, der dialektal motiviert ist, aber nicht zur Standardsprache gehört
    (Lingg, Anna-Julia)

- **Soziolinguistik des Schweizerhochdeutschen**
  - ○ Forschungsfragen
    - ▪ 1. Wie groß ist der Anteil jener, die sich beim Gebrauch der Standardsprache unsicher fühlen?
    - ▪ 2. Was sind dir Ursachen für den devianten Umgang mit dem Standarddeutschen
    - ▪ 3. Wie werden „Schweizer" Varianten des Standarddeutschen bewertet?
    - ▪ 4. Gibt es ein Bewusstsein von der Plurizentrizität des Deutschen?
  - ○ Übersicht
    - ▪ 1.Das Fragebogen-Sample
    - ▪ 2. Einstellungen von DeutschschweizerInnen zur Standardsprache
    - ▪ 3. Einstellungen zum Schweizerhochdeutschen: Ergebnisse des Subjective Evaluation Test
    - ▪ 4. Idealtypische Sprachbewusstseinslagen

- 5. Fragen zur Diskussion
  o Einstellungen zur Standardsprache – Defiziensempfinden als Befund
    - „Sprechen Sie gerne Hochdeutsch?" Ja: 51% Nein: 49%
    - „Hochdeutsch ist für Schweizer die erste Fremdsprache" Ja: 79% Nein: 21%
    - „Wie gut, meinen Sie, kann der durchschnittliche Schweizer Hochdeutsch?" gut: 6% mäßig: 76% schlecht: 18%
    - „Wo spricht man Ihrer Meinung nach das beste Hochdeutsch?" Österreich: 4% Schweiz: 3% Deutschland: 93%
  o Hypothesen
    - 1. Je häufiger eine Person Standarddeutsch gebraucht, desto geringer ist die Wahrscheinlichkeit, dass sie ein Defiziensempfinden hat.
    - 2. Je höher die formale Bildung, desto seltener hat eine Person ein Defiziensempfinden.
    - 3. Je positiver die Einstellungen zum Schweizerhochdeutschen, desto geringer ist die Bereitschaft, Standarddeutsch unvoreingenommen zu benutzen.
    - 4. Je früher Standarddeutsch gelernt wird, desto seltener haben Personen ein Defiziensempfinden.
    - 5. Weil Standarddeutsch als Sprache Deutschlands gilt, ist der Unwillen zum Gebrauch des Standarddeutschen größer, je negativer die Einstellungen gegenüber Deutschen ist.
  o Defiziensempfinden * Lernalter
    - Folgerung:
      - Personen mit einem ausgeprägten Defiziensempfinden haben Standarddeutsch erst in der Schule gelernt.
      - Personen, die kein Defiziensempfinden haben, haben Standarddeutsch vor oder im Kindergarten gelernt.
      - Je früher eine Person Standarddeutsch lernt, desto geringer ist die Wahrscheinlichkeit, dass sie ein Defiziensempfinden entwickelt.
  o Defiziensempfinden * Einstellungen zu Deutschen
    - Folgerung:
      - Personen mit einem ausgeprägten Defiziensempfinden haben häufiger antideutsche Einstellungen
      - Personen, die kein Defiziensempfinden haben, haben häufiger keine antideutschen Einstellungen
      - In welche Richtung verläuft die Kausalbeziehung?
  o Subjective Evaluation Text
    - 50 Personen: 35 Probanden, 15 Kontrollgruppe; 100 Testsätze; teilweise „schweizerische" Standardformen, „deutschländische" Standardformen, Nonstandardformen (überregionaler Nonstandard und Dialektismen); Probanden: 2 Sprecher (Deutscher, Schweizer); Kontrollgruppe: 1 Sprecher (Schweizer)
    - Ziele: Messung des Plurizentrizitätsbewusstseins; Bewertung der „schweizerischen Varianten" des Standarddeutschen; Einfluss der Nationalität des Sprechers auf die Bewertung der sprachlichen Formen
    - Helvetismen beim Schweizer Sprecher → Hypothese: Bewusste Helvetismen werden im Mund des Schweizer Sprechers als schlechtes oder fehlerhaftes Hochdeutsch kategorisiert
    - Helvetismen beim Schweizer Sprecher → Ergebnis: von 18 Testsätzen wurden im Durchschnitt 12,8 (71,1%) als schlechtes oder fehlerhaftes Deutsch eingestuft

- o Definition „Standardvarietät"
  - ▪ „Eine Standardvarietät ist die Gesamtheit jener kollektiven Realisierungen des Sprachsystems, die durch eine Standardnorm geprägt sind."
  - ▪ „Eine Standardnorm ist das Wissen um die Gesamtheit derjenigen kollektiven Realisierungen des Sprachsystems, die von der Gesellschaft als richtig und vorbildlich aufgefasst werden."

  (Ammon, Ulrich)
- **Idealtypische Sprachbewusstseinslagen**
  - o Der/Die Sichere
    - ▪ hat die Standardsprache früh erworben
    - ▪ fühlt sich sicher im Gebrauch der Standardsprache
    - ▪ ist den Sprechern des dominierenden Zentrums gegenüber eher positiv eingestellt
    - ▪ ist ein Verfechter der sprachlichen Eigenständigkeit des nichtdominierenden Zentrums
    - ▪ praktiziert die Standardvarietät des dominierenden Zentrums als Prestigevarietät
    - ▪ hält die Standardformen des nichtdominierenden Zentrums für schlechter oder minderwertig
  - o Der/Die Unsichere
    - ▪ empfindet Standarddeutsch als eine Fremdsprache
    - ▪ fühlt sich gehemmt, wenn er Hochdeutsch sprechen muss
    - ▪ hat die Standardsprache erst spät erworben
    - ▪ hält seine eigene Kompetenz und die der anderen Angehörige
    - ▪ seiner Sprachgemeinschaft für defizitär
    - ▪ Ressentiments gegen Sprecher d. dominierenden Zentrums
    - ▪ hält die Standardvarietät des dominierenden Zentrums für die Prestigevarietät
    - ▪ fühlt sich den Sprechern des dominierenden Zentrums im Gebrauch der Standardsprache unterlegen
    - ▪ hält die Standardformen des nichtdominierenden Zentrums für schlechter oder minderwertig
- **Thesen zur Diskussion**
  - o Die „schweizerischen" Varianten des Standarddeutschen sind eher als stilistische Varianten, denn als nationale Varianten zu deuten. Als stilistische Varianten sind sie funktional in bestimmten Domänen, in anderen werden sie eher gemieden.
  - o Statt verstärkt den Gebrauch „schweizerischer" Formen zu propagieren, sollten die stilistischen Unterschiede Gegenstand des Unterrichts sein.
  - o Die Schweiz ist keine abgeschlossene Kommunikationsgemeinschaft, gerade die Kommunikation in der Standardsprache ist vor allem medial vielfältig mit den anderen Teilen des deutschen Sprachraumes vernetzt.
  - o Die Variation in der Standardsprache ist in den allermeisten Fällen nicht national, sondern häufig an Dialekträume gebunden.
  - o Eine stärkere Berücksichtigung von Varianten des oberdeutschen Sprachraums ist wünschenswert.

Sprachpolitik in Österreich

- **Lösungsvorschläge von Muhr, Rudolf und Schrodt, Richard**
  - o Verankerung des Österreichischen Deutsch in den Deutschlehrplänen und in den Studienplänen für das Studium der Deutschen Philologie und an den Pädagogischen Akademien
  - o Vermittlung von Wissen über das Österreichische Deutsch und Deutsch als plurizentrische Sprache an Deutschlehrende im Rahmen von Fortbildungsseminaren
  - o Darstellung des Österreichischen Deutsch in den Deutschlehrbüchern
  - o Verstärkung der Kodifikationsbemühungen
  - o Verstärkung der Forschung zum Österreichischen Deutsch
  - o Erstellung von Sprachkorpora zum Österreichischen Deutsch
  - o Synchronisierung von Filmen und Serien in Kino und Fernsehen in Österreichischem Deutsch

Textschwierigkeit modellieren

→ Textlinguistik = beschäftigt sich mit satzübergreifenden sprachlichen Strukturen; eine zentrale Fragestellung der Textlinguistik ist z.B. die Definition der sprachlichen Größe Text, also durch welche Eigenschaften sich ein Text von einem „Nicht-Text" unterscheidet
→ Möglichkeiten Textschwierigkeiten zu berechnen; Textschwierigkeit hat mit unserer Person zu tun

- **Textschwierigkeit**
  - o Textmodell
    - ▪ Schwierigkeit ist eine objektive Eigenschaft von Texten
  - o Interaktionsmodell
    - ▪ Schwierigkeit hängt ab von
      - • Eigenschaften des Textes
      - • Eigenschaften des Lesers
      - • Situation des Lesens

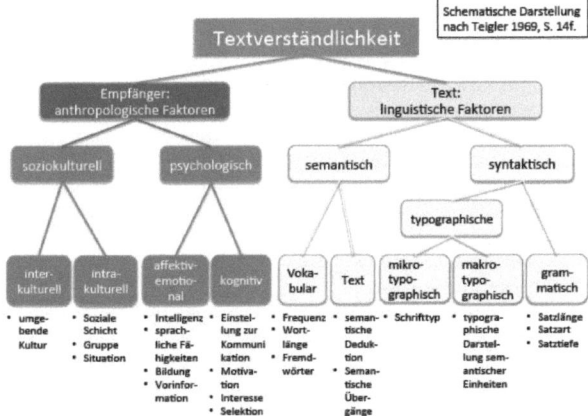

- **Textschwierigkeit und Text**
  - o Objektive Eigenschaften des Textes
  - o Wortschatz (z.B. viele seltene Wörter, Spezialwortschatz)
  - o Grammatikalische Eigenschaften (z.B. viele Passivkonstruktionen, viele Präpositionalgruppen)
  - o Stilistische Eigenschaften (z.B. Nominalstil)

Geschichte der Readability-Forschung

- **Schwierigkeit als „Vokabellast" („vocabulary burden", 1922-1928)**
  - Erstes Verfahren zur Textanalyse von LIVELY und PRESSEY (1923)
  - Stichprobe von 1000 Worten aus dem zu untersuchendem Buch und Addition der Schwierigkeitsränge (von 10-1) alle Wörter
  - Schwierigkeitsrang anhand eines von THORNDIKE (1921) ermittelten Verzeichnisses, das die 10.000 am häufigsten gebrauchten Wörter enthielt
  - Viele Seltene Wörter: schwieriger Text
  - Textschwierigkeit hat in 1. Linie mit schwierigen Wörtern zu tun, die in Texten vorkommen
  - Je häufiger ein Wort in einer Sprache verwendet wird, desto leichter ist Text zu verstehen
- **Lesbarkeitsformeln als Repressionsgleichungen mit vielen sprachlichen Variablen (1928-1939)**
  - Standardwerk der frühen Lesbarkeitsforschung: „What Makes a Book Readable" von GRAY und LEARY (1935)
  - Lesbarkeitsformeln sind durch empirische Verständlichkeitsuntersuchungen gewonnene Regressionsgleichungen, mit denen man die Schwierigkeit von neuen Texten vorhersagen kann
  - Verständlichkeit wurde von Experten beurteilt
  - Gleichungen machen das Gewicht einzelner Faktoren sichtbar
  - Komplizierte Sätze und seltene Wörter als Ursache für Textschwierigkeit
- **Beschränkung auf wenige sprachliche Faktoren (1939-1952)**
  - Ziel: leicht anwendbares und schnell auszuwertendes Verfahren; daher: weniger Variablen
  - Bekanntestes Beispiel: Rudolf FLESCH (1948): Reading Ease Index
    - Reading Ease score = $206.835 - (1.015 \times ASL) - (84.6 \times ASW)$
    - ASL = average sentence length (numberof words divided by number of sentences)
    - ASW = average word length in syllables (number of syllables divided by number of words)
  - Die Ergebnisse können zwischen 0 und 100 liegen. Je höher der Wert, desto „leichter" (verständlicher) ist der Text.
  - Die Methode von FLESCH setzte sich in der amerikanischen Lesbarkeitsforschung durch
  - Vorherige Verfahren konnten nicht automatisiert angewendet werden
  - Flesch bietet Faktoren, die man gut messen kann (Wortlänge & Satzlänge)
- **Entwicklung von besonderen Formeln für bestimmte Zwecke (1952-1960)**
  - Eine der genauesten Formeln ist die von DALE und CHALL (1948)
  - Sie entwickelten zwei neue Vokabellisten (Shortlist mit 769 / Longlist mit 3000 leichten Wörtern)
    - Raw Score = $0.1579 * (PDW) + 0.0496 * (ASL) + 3.6365$
    - Raw Score = uncorrected reading grade of a student who can answer one-half of the test questions on a passage
    - PDW = Percentage of Difficult Words not on the Dale–Chall word list
    - ASL = Average Sentence Length
  - Die Ergebnisse wurden spezialisiert (Schulstufe, Schulalter bzw. Rohwerte)
  - Je mehr längere Sätze, desto schwieriger ist der Schwierigkeitsgrad
- **Lesbarkeitsformeln mit Lückentexttests als Kriterium (1960-1975)**
  - BORMUTH entwickelte Lesbarkeitsformeln auf der Basis der Ergebnisse von Cloze-Tests (Lückentests)
  - Texte, bei denen Testpersonen 50% der Lücken füllen konnten (multiple choice) waren geeignet für „assisted reading"
  - Texte, bei denen Testpersonen 80% der Lücken füllen konnten (multiple choice) waren am besten geeignet für das Selbststudium
  - BORMUTH verglich Lesbarkeitsformeln, die sehr viele Variablen berücksichtigen mit solchen, die nur wenige Variablen umfassten: Lesbarkeitsformeln mit vielen Variablen lieferten schlechtere Ergebnisse
  - Beste Ergebnisse liefern Vokabelschwierigkeit und Satzkomplexität

- **Computerisierung und Validierung der Lesbarkeitsforschung (seit Mitte 1970er Jahre)**
  - o Lesbarkeitsforschung bringt kaum neue Ergebnisse
  - o Operationalisierung mit Hilfe computerlinguistischer Methoden erleichtert den Einsatz komplizierter Formeln
  - o Simples Verfahren mit Wort- und Satzlänge hat relativ gut funktioniert
- → Bsp.: yomunda: Suchmaschine für FremdsprachenlernerInnen nach Texten je nach Sprachniveau

7. Vorlesung – Korpuslinguistik 1: Was sind Korpora

→ Korpuslinguistik = neue Erkenntnisse über Sprache generell oder über bestimmte einzelne Sprachen werden erlangt oder bestehende Hypothesen überprüft, wobei als Grundlage quantitative oder qualitative Daten dienen, die aus der Analyse von speziellen Textkorpora oder (seltener) Korpora gesprochener Sprache gewonnen werden

- **Was ist ein Korpus**
  - o Korpora sind Sammlungen „linguistisch aufbereitete(r) Texte in geschriebener oder gesprochener Sprache, die elektronisch gespeichert vorliegen". (Carstensen et. al.)
  - o "Ein Korpus ist eine Sammlung von Texten oder Textteilen die bewusst nach bestimmten sprachwissenschaftlichen Kriterien ausgewählt und geordnet werden. Unter ‚Text'sind in diesem Zusammenhang nicht nur Produkte der Schriftsprache wie Zeitungsartikel, Romane, Kochbücher, E-Mail, Briefe oder Tagebücher zu verstehen, sondern auch mündliche Äußerungen, sei es in Form von Vorträgen, Radiosendungen, Telefongesprächen oder dem zwanglosen Gespräch am Mittagstisch." (Scherer)
  - o "Corpus: [Neutr., Pl.Corpora, lat. corpus >Körper<] Endliche Menge von konkreten sprachlichen Äußerungen, die als empirische Grundlage für sprachwissenschaftliche Untersuchungen dienen. Stellenwert und Beschaffenheit des Corpus hängen weitgehend von den je spezifischen Fragestellungen und methodischen Voraussetzungen des theoretischen Rahmens der Untersuchung ab." (Bußmann)
  - o Textsammlungen
  - o Große Textmengen angereichert mit Informationen
  - o eine Menge von Texten oder Textteilen
  - o in digitaler oder analoger Form, die zu linguistischen Forschungszwecken zusammengestellt wurde.
  - o Das Korpus hat den Zweck, als Repräsentant jenes Ausschnitts der Sprache zu dienen, der untersucht werden soll.
  - o Corpus - computerlinguistische Schreibtradition
  - o Korpus - korpuslinguistische Schreibtradition
  - o Das Korpus (nicht: der Korpus)

Wie Texte gesammelt werden

1. Allgemeines Vorgehen
2. Linguistische oder pragmatische Kriterien?
3. Kriterien für die Textauswahl
4. Zur Gliederung der Stichprobe
5. Repräsentativität, Ausgeglichenheit und Homogenität
6. Korpusgröße

- **1. Allgemeines Vorgehen**
  - o „Stellenwert und Beschaffenheit des Corpus hängen weitgehend von den je spezifischen Fragestellungen und methodischen Voraussetzungen des theoretischen Rahmens der Untersuchung ab." (Bußmann, Hadumod)
  - o Abgesehen von toten Sprachen ist es nicht möglich jede sprachliche Äußerung in ein Korpus aufzunehmen
  - o Selektion ist notwendig!
  - o 1) Festlegung der Forschungsfragen, Formulierung von Hypothesen über die zu untersuchenden Variablen
  - o 2) Festlegung von Kriterien zur Auswahl von Texten
  - o 3) Empirische Stichproben zur Validierung: Erstellung eines "Pilot-Korpus"
  - o 4) ggf. Revision der Kriterien
  - o 5) Korpus-Design: Texte werden nach den gewählten Kriterien ausgewählt und gesammelt
- **2. Linguistische oder pragmatische Kriterien?**
  - o Um die Gefahr eines Zirkelschlusses zu vermeiden, sollten bei der Zusammenstellung eines Korpus pragmatische Kriterien den Vorzug erhalten
  - o Entscheidendes Kriterium ist demnach nicht die sprachliche Beschaffenheit eines Textes, sondern seine kommunikative Funktion in der Sprachgemeinschaft
- **3. Kriterien für die Textauswahl**
  - o Basiskategorien:
    - Medialität (schriftlich, mündlich)
    - Textsorte (Brief, Rede, Zeitungsartikel)
    - Domäne (akademisch, öffentlich, privat)
    - Lingualität (Sprachen bzw. Varietäten)
    - Entstehungsort des Textes (D, AUT, CH)
    - Entstehungsdatum des Textes
  - o Weitere Kategorien:
    - Format (veröffentlicht, nicht veröffentlicht)
    - Adressaten:
      - Pluralität: unüberschaubar / mehrere / einer / selbst
      - Präsenz
      - Interaktivität
      - gemeinsames Wissen: allgemein / speziell / persönlich
    - Autoren
      - Demographische Unterschiede (Alter, Geschlecht, Herkunft, Erziehung, Beruf etc.)
      - Anonymität / Autorschaft
    - Faktenbezogenheit
    - Zweck
    - Thema
- **4. Zur Gliederung der Stichprobe**
  - o Ausgehend von den Kriterien und den Erkenntnisinteressen entscheidet man sich für eine Gliederung der Stichprobe
  - o Komponenten / Zellen / Texte
  - o Bsp.: Wendekorpus Teil des COSMAS-Korpus; Umfang: 3378 Texte, ca. 3,3 Mill. laufende Wortformen; Zeitraum: Mitte 1989 bis Ende 1990

Beispiel: Wendekorpus

- o Kriterien sollten ...
  - Trennschärfe nach Innen haben (sich voneinander deutlich unterscheiden)
  - Trennschärfe nach Außen haben (als Gruppe das Korpus von anderen Korpora unterscheiden)
  - Je geringer die Zahl der Kriterien, desto besser
- o Volltext- oder Stichprobenkorpus?
  - in den meisten Fällen sollte ein Korpus wenn möglich aus ganzen Texten bestehen
  - aber: Textgröße sollte nicht zu unterschiedlich sein
  - oder: man sollte eine hinreichend große Wortzahl wählen, damit nicht ein einziger großer Text zu großes Gewicht erhält
- **5. Repräsentativität, Ausgeglichenheit und Homogenität**
  - o Grundsätzliches zum Begriff „Repräsentativität"
    - Alltagssprachlich: richtige Abbildung von Proportionen in einer nicht-homogenen Menge
    - Aber: Bei einer unendlichen Menge gibt es keine Repräsentativität im Sinne einer richtigen Abbildung von Proportionen.
    - Repräsentativität im statistischen Sinn bedeutet eigentlich eine Zufallsauswahl.
  - o Weg zur Repräsentativität:
    - 1. grundlegende Komponenten festlegen
    - 2. sprachexterne Kriterien für die Bestimmung der Textsorten, die charakteristisch für die jeweilige Komponente ist
    - 3. Priorisierung der Textsorten nach Typizität für die gewählte Komponente
    - 4. nach Priorität Werte festlegen für:
      - a) die Zielgröße der gesamten Komponente
      - b) die Anzahl der Textsorten
      - c) die Bedeutung der jeder Textsorte
      - d) die Praktikabilität des Textsammelns
    - 5. während der Zusammenstellung des Korpus immer die einzelnen Komponenten untereinander vergleichen
  - o Ausgeglichenheit
    - ein noch viel vageres Kriterium als Repräsentativität
    - besagt: die Proportionen der im Korpus enthaltenen Texte sollte einigermaßen mit intuitiven Urteilen und Expertenurteilen übereinstimmen

- o Homogenität und Spezialkorpora
  - ▪ Generelle Korpora streben keine Homogenität an, nur Spezialkorpora
  - ▪ Problematisches Konzept, das die Qualität der Kriterien zur Textauswahl bezeichnet
  - ▪ Häufig bezeichnet „Homogenität" die Tatsache, dass Texte, die sprachliche aus der Reihe fallen, aussortiert wurden
- **6. Korpusgröße**
  - o Die ideale Korpusgröße lässt sich nur vor dem Hintergrund der Forschungsfrage und der Untersuchungsmethoden bestimmen.
  - o Häufig richtet sich die Korpusgröße auch nach forschungspraktischen Gesichtspunkten (Zeit, Geld, Verarbeitungsmöglichkeiten etc.)

Tokenisierung und Annotation

- **Tokenisierung**
  - o Token vs. Type: 1455775 → 7 Token: 7 einzelne Ziffern; 4 Types: 4 unterschiedliche Ziffern (Realisierungen)
  - o Tokenisierung bezeichnet in der Computerlinguistik die Segmentierung eines Textes in Einheiten der Wortebene
  - o Regeln für die Tokenisierung:
    - ▪ Trenne den Text an den Leerzeichen in Token (sog. white-space-Tokenisierung); Problem: Ypsilanti sagt: „Ich werde Ministerpräsidentin!"
    - ▪ alle Folgen von Buchstaben bilden ein Token, ebenso alle Folgen von Ziffern. Alle anderen Zeichen bilden für sich genommen ein Token.
  - o Tokenisierung auch aus praktischen Gründen:
    - ▪ es ist ein de facto-Standard, dass fast alle Computerprogramme, die Texte analysieren, dies zeilenweise tun
    - ▪ auch Scriptsprachen (wie Perl oder Python) lesen Texte zeilenweise ein
- **Annotation**
  - o Hinzufügung interpretativer (linguistischer) Informationen zu einem Korpus
    Bsp.: die Wortform „schöne" repräsentiert das Lemma „schön"
  - o Annotationen werden meist automatisch gemacht (mittels eines Taggers); die Zuverlässigkeit einer Wortartenannotation liegt bei ca. 95-98%
  - o = Anreicherung eines Textes mit weiteren Informationen
  - o Wozu annotieren?
    - ▪ Durch Annotation wird ein Korpus vielseitiger einsetzbar
    - ▪ Annotationen sind unproblematisch, solange sichergestellt ist, dass der Korpustext auch weiterhin in Reinform zugänglich ist
  - o Arten von Annotationen
    - ▪ Phonetische Annotation (Aussprache, Prosodie)
    - ▪ Semantische Annotation (z.B. semantische Kategorien eines Wortes)
    - ▪ Pragmatische Annotation (z.B. Sprachakte)
    - ▪ Diskursannotation (z.B. anaphorische Verbindungen, d.h. Verweis eines Satzes auf einen anderen)
    - ▪ Stilistische Annotation
    - ▪ Lexikalische Annotation (Informationen zum Lemma)
    - ▪ Syntaktische Annotation

- o Prinzipien des Annotierens
  - Annotationen müssen separierbar sein: der ursprüngliche Text muss auch ohne Annotationen lesbar bleiben
  - Annotationen müssen dokumentiert werden
  - Annotationen sollten an de facto-Standards orientiert sein
- o XML - ein Annotationsstandard
  - XML: Extensible Markup Language („erweiterbare Auszeichnungssprache")
  - Auszeichnungssprache zur Darstellung hierarchisch strukturierter Daten in Form von Textdaten
  - Elemente:
    - ein passendes Paar aus Start-Tag (<Tag-Name>) und End-Tag (</Tag-Name>)
  - Attribute:
    - bei einem Start-Tag geschriebene Schlüsselwort-Werte-Paare (Attribut-Name="Attribut-Wert") für Zusatz-Informationen über Elemente (eine Art Meta-Information)

8. Vorlesung – Korpuslinguistik 2: Korpuspragmatik

→ = Muster in Korpora = Kontextualisierungsfunktion

- **Abgrenzung von Semantik und Pragmatik**
  - o "The anonymous letter situation is the case where *an ideal speaker of a language receives an anonymous letter containing just one sentence of that language,* with no clue whatever about the motive, circumstance of transmission, or any other factor relevant to understanding the sentence on the basis of its context of utterance. (...)[T]he *semantic component* [properly *represents*] only those *aspects of the meaning* of the sentence *that an ideal speaker-hearer* of the language *would know* in such an anonymous letter situation." (Jerrold Katz 1977, Propositional Structure and Illocutionary Force)
  - o Semantik = Das, was wir verstehen, wenn wir z.B. eine Flaschenpost finden mit einem anonymen Brief
  - o Pragmatik = Das, was noch hinzukommen muss, damit wir Text aus Kontext heraus komplett verstehen können (Hintergrundinformationen, die Bedeutung des Satzes näher bestimmen)
- **Semantik vs. Pragmatik**
  - o Die pragmatische Komponente repräsentiert diejenigen Komponenten der Bedeutung, die in dieser Situation unter den Tisch fallen, d.h. alles, was wir in der anonymous-letter-situation nicht wissen/verstehen.
  - o Pragmatische Aspekte sind:
    - 1.Deiktische Ausdrücke (indexikalische Ausdrücke)
      - wie ich, du, hier, jetzt, morgen...
      - Grund: Bezug auf die Situation der Äußerung
    - 2. Textbezogene Ausdrücke
      - wie sie, dieser, bald darauf
      - Grund: Bezug auf den Ko-Text der Äußerung

- **3. Nichtwörtlicher Gebrauch von Ausdrücken**
  - Ironie (Heute haben wir mal wieder besonders schönes Wetter)
  - gewisse Implikaturen (Empfehlungsschreiben: Herr R. hat eine leserliche Handschrift)
  - indirekte Sprechakte (Können Sie das Auto dorthin fahren?)
  - Grund: die Situation ist essentiell für die Bestimmung, ob ein Ausdruck nicht in wörtlicher Bedeutung gemeint ist.
- Pragmatik: Studium der kontextabhängigen Bedeutung

Korpuspragmatik

- **Sprechen und Kontext …**
  - … in der *pragmatischen Theorie* der 1970er und 1980er Jahre
    - Bindung des Sprachhandelns durch Kontexte, denen objektive Parameter wie Institution, Handlungsrolle, Themen zugeschrieben werden können
  - … in der *konstruktiven Pragmatik* seit den 1980er Jahren
    - Die Beteiligten selbst konstruieren durch ihr Sprechen die für die Verständigung relevanten Kontexte

→ Wir können nur verstehen, wenn Kontext gegeben ist

- **Kontextualisierung**
  - „Kontextualisierung [etabliert] eine zeichenhafte Beziehung zwischen einem (Oberflächen-) Merkmal sprachlicher oder nichtsprachlicher Handlungen auf der Ausdrucksebene und einer komplexen semantischen Struktur [...]; während das traditionelle sprachliche Zeichen eine Bedeutungsbeziehung etabliert, indiziert der Kontextualisierungshinweis ein Schema." (Auer 1986, S. 25)
  - z.B. Ansprache des Prof. in E-Mail als Dozent → Rollenzuweisung → Schema aufmachen (Kontext wird durch anrede geschaffen)
  - durch Form des Sprechens werden Informationsschemata aufgerufen
- **Routineformen und Kontextualisierung**
  - Bsp.: …Durchzug von … weitgehend trocken … vereinzelt …
  - Die Korpuspragmatik deutet *signifikant häufig auftretende sprachliche Muster* in Korpora als *Ergebnis rekurrenter Sprachhandlungen* der Autorinnen und Autoren der im Korpus enthaltenen Texte bzw. der sie autorisierenden Institutionen und Gruppen. (Scharloth; Bubenhofer)
  - Sprachliche Handlungen verdichten sich zu Routineformen → Rückschlüsse auf Handlung möglich

Sprachliche Muster und ihre Distribution

- **Sprachliche Muster: Typische Wörter**
  - Typizität
    - Einfache Definition: überzufällig
    - Wörter, die in einem Korpus häufiger auftreten als man aufgrund der Häufigkeit ihres Auftretens in (einem) anderen Korpus erwarten würde
    - statistisch signifikant

- **Verfahren Korpusvergleich**

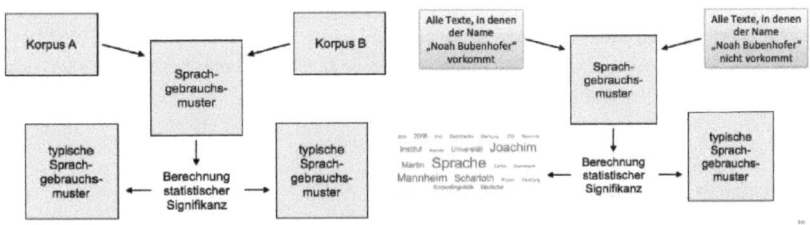

- **Sprachliche Muster: Kollokationen**
  - o Definition 1: Kollokationen als nicht-idiomatische Phraseologismen
    - „A collocation is defined as a sequence of two or more consecutive words, that has characteristics of a syntactic and semantic unit, and whose exact and unambiguous meaning cannot be derived directly from the meaning or connotation of its components." (Choueka 1988)
    - Kollokationen sind (oft) nicht kompositionell, d.h. ihre Bedeutung lässt sich nicht (vollständig) aus den Komponenten herleiten. Bsp.: keine müde Mark
    - Ihre Elemente sind nicht substituierbar. Bsp.: Mittel zum Zweck | * Mittel zum Ziel
    - Sie sind nicht modifizierbar bzw. syntaktischbzw. morphologisch eingeschränkt: Bsp.: zur Sache kommen | * zu Sachen kommen (Manning/Schütze 1999: 184f.)
  - o Definition 2: Kollokationen als statistisch überzufällig häufige Wortkombinationen
    - "we define a collocation as a combination of two words that exhibit a tendency to occur near each other in natural language, i. e. to cooccur" (Evert 2009: 1214)
    - Collocations are "recurrent and predictable word combinations, which are a directly observable property of natural language" (Evert 2009: 1214)
  - o Kollekationen = Wörter, die häufig und vorhersagbar miteinander vorkommen
  - o Berechnungsparameter von Kollokationen
    - Lemma oder Wortform
    - Oberflächendistanz (n Wörter)
    - Satzbasiert (im selben [orthographischen] Satz) oder nicht
    - Syntaxbasiert oder nicht:
      - In derselben Phrase (ADJA und NN in einer DP)
      - In einer bestimmten Konstruktion (Verb und Objekt)
- **Sprachliche Muster: n-Gramme**
  - o Definition
    - Ein N-Gramm ist eine *Folge aus N Einheiten*
    - Je nach Anwendungsbereich handelt es sich bei den Einheiten entweder um *Zeichen, Lemmata, Wortformen* etc.
    - Einsatzgebiete: Kryptographie, Korpus-Linguistik, automatisierte Informationsgewinnung
  - o Terminologie: Monogramm (Sehr); Bigramm (Sehr geehrte); Trigramm (Sehr geehrte Damen) u.s.w. ...Multigramm

- o n-Gramme in Texten
  - Bsp.: „Sehr geehrte Damen und Herren, liebe Freunde. Ich begrüße sie auf dem Parteitag."
  - Menge aller Bigramme: {(Sehr geehrte) (geehrte Damen) (Damen und) (und Herren) (Herren liebe) (liebe Freunde) (Freunde ich) (ich begrüße) (begrüße Sie) (Sie auf) (auf dem) (dem Parteitag)}

Datengeleitete Korpusanalyse

- corpus-based vs. corpus-driven
  - o corpus-based:
    - „[...] the term corpus-based is used to refer to a methodology that avails itself of the corpus mainly to expound, test or exemplify theories and descriptions that were formulated before large corpora became available to inform language study." (Tognini-Bonelli, 2001, 65)
  - o Corpus-driven:
    - „While corpus linguistics may make use of the categories of traditional linguistics, it does not take them for granted. It is the discourse itself, and not a language-external taxonomy of linguistic entities, which will have to provide the categories and classifications that are needed to answer a given research question. This is the corpus-driven approach." (Teubert, 2005, 4)
- **Vor- und Nachteile des datengeleiteten Ansatzes**
  - o Vorteile
    - keine Beschränkung auf bereits bekannte Variationsphänomene
    - keine forschungspraktisch begründete Beschränkung auf wenige Variablen
    - Einbeziehung sehr großer Mengen an Sprachdaten
  - o Nachteile
    - performante Lösung nur für geschriebene Sprache
    - Meist Beschränkung auf Lexik, Semantik und Morphosyntax

9. Vorlesung – Forensische Linguistik 1: Traditionelle Forensische Linguistik

→ Forensische Linguistik = befasst sich Themen wie der Identifikation von Sprechern durch Stimmanalysen (Forensische Phonetik) und die Autorzuordnung von juristisch relevanten Texten, seien es Erpresserbriefe, Bekennerschreiben, Geständnisse, Testamente oder Plagiate befassen; im weiteren Sinne untersucht die Forensische Linguistik auch andere Schnittstellen zwischen Sprache, Gesetz und Verbrechen; geforscht wird vor allem auf den Gebieten der Autorschaftsbestimmung von Texten, der Sprache der Juristerei und der Sprache von Gesetzestexten

Gibt es einen sprachlichen Fingerabdruck?

- **mg (militante Gruppe)**
  - o linksradikale kriminelle Vereinigung
  - o 25 Brandanschläge, vornehmlich auf Fahrzeuge von Polizei und Bundeswehr, auch auf Sozial- und Arbeitsämter 2001-2007
  - o 2007 Verhaftung von mehreren vermeintlichen Mitgliedern (drei werden verurteilt)
  - o 2009 Selbstauflösung
  - o agierte klandestin
  - o Im Juni 2010 kritisierte der Bundesgerichtshof die Ermittlungen der Bundesanwaltschaft, die über fünf Jahre neben der Überwachung der Verdächtigen mehrere zehntausend Telefongespräche und E-Mails erfasst hatte, als rechtswidrig. Diese Überwachung wurde mit einem Gutachten des Verfassungsschutzes begründet, das seinerseits „nicht ausreichend mit Tatsachen" belegt war

Konstellationen bei der Autorenidentifikation

- **Konstellationen der Autorenidentifikation**
  - o Profiling:
    - gegeben ist ein anonymer Text (keine Vergleichstexte)
    - einzelne sprachliche Merkmale im Text werden identifiziert und auf persönliche Merkmale bezogen (könnte Frau oder Mann sein, könnte diese oder jenes Alter haben)
  - o Vertifikation:
    - gegeben sind ein anonymer Text und ein Hauptverdächtiger
    - schwierigere Variante
  - o Klassifikation:
    - gegeben sind ein anonymer Text und eine begrenzte Anzahl Kandidaten
    - mit welchem Kandidatenkorpus ist anonymer Text am ähnlichsten

Gängige Irrtümer bei der maschinellen Autorenidentifikation

- **Intelligence and Security Informatics (ISI)**
  - o virtueller Gegner, dem Irrtümer in der Autorenid. Unterstellt werden
  - o = defined as the development of advanced information technologies, system, algorithms, and databases for international, national and homeland security related applications
  - o publizieren Bücher wie "Terrorism Informatics"
  - o Wissenschaftler auf dem Gebiet ist Hsinchun Chen
  - o Scharloth teilt Optimismus der Sicherheitsinformatiker nicht → diese würden fehlgeleitet argumentieren

- o Irrtum 1:
  - Jeder Mensch hinterlässt beim Schreiben eines Textes einen sprachlichen Fingerabdruck, der einmalig ist. (fingerprint – „writeprint"; genome – „stylome")
  - Sprachgene:
    - „Was kaum jemand weiß: Jeder Mensch bedient sich einer ganz eigenen Sprache; sie ist beinah so unverwechselbar wie unsere DNS. Liegen adäquate Sprachproben vor, kann sie fast ebenso wie diese zweifelsfrei zugeordnet werden." (Raimund Drommel (2011): Der Code des Bösen.)
    - Dennoch war mir klar, dass es einen »sprachlichen Fingerabdruck« niemals geben würde zumindest keinen, der ein Leben lang mit sich selbst iden;sch ist. Denn während die Rillen auf unseren Fingerkuppen sich bis zu unserem Tod nicht verändern, ist die Sprache eines Menschen einem schleichenden Veränderungsprozess unterworfen: Mit jedem Text, den wir lesen, mit jedem Gespräch, das wir führen, verändert sich unsere Ausdrucksweise und unser Wortschatz geringfügig. Außerdem kann man die Sprache eines anderen Menschen imitieren, einen Fingerabdruck nicht." (21f) (Raimund Drommel (2011): Der Code des Bösen)
  - Sprachlicher Fingerabdruck:
    - *physischer und genetischer Fingerabdruck*: bei jeder Reproduktion wird das *gleiche invariante Muster* verwendet
    - wir wissen eigentlich nicht genau, was das zugrundeliegende Muster ist (Sprachkompetenz?)
    - wir können das Muster nicht sauber quantifizieren (Messbarkeit)
    - das Muster ist nicht invariant (mit jedem Text den man liest verändert sich Sprachkompetenz)
- o Irrtum 2:
  - Es sind die unbewussten Merkmale des Sprechens und Schreibens, die einen Autoren / eine Autorin verraten
  - „The idiolect is the individual's *unconscious* and unique combination of linguistic knowledge, cognitive associations, and extra-linguistic influences." (Gerald R. McMenamin (2002): Linguistic Variation.)
  - „Features for the purpose of authorship attribution should be frequent and easily quantifiable and relatively immune from conscious control." (David Holmes (1994)) (bewusste Kontrolle ist nicht gut für Autorschaftsidentifizierung)
  - zum Stilbegriff:
    - Als Stil bezeichnet man *die interaktive* und daher sozial bedeutsame *Art und Weise der Handlungsdurchführung* (kommunikativen sozialen Stilistik)
    - Mit Kommunikationsstilen *verweisen* die Interaktanden *auf Interpretationsrahmen*
    - Sie signalisieren dem Gegenüber, wie sie selbst die Situation auffassen (Kategorisierung und Typisierung von Handlung, Kontext und Interaktionspartnern) und wie sie möchten, dass das Gegenüber sie auffasst.
    - Stile sind damit *Zeichenensembles mit indexikalischem Wert* (Margret Selting)
    - Wir signalisieren mit unserer Art und Weise zu sprechen, wie wir verstanden werden wollen und wie wir selbst den anderen verstehen

- unbewusste Kategorien (Sicherheitsinformatiker halten folgende Kategorien für unbewusst)
  - durchschnittliche Wortlänge
  - Anzahl kurzer Wörter mit weniger als 4 Buchstaben
  - Verteilung der Wortlängen im Hinblick auf Silben- oder Buchstabenzahl
  - Buchstaben-n-Gramme
  - Anzahl Ziffern
- aus sprachwissenschaftlicher Sicht sind unbewusste Kategorien nicht valide (was sagt es mir, wenn ich durchschnittliche Wortlänge weiß)
- unbewusste Kategorien haben nichts damit zu tun, was wir unter Stil verstehen
- o Irrtum 3:
  - Die linguistische Analyse führt zum Täter / zur Täterin
  - „The absence of fingerprints in cyberspace leads law enforcement and intelligende community to seek new approaches to *trace criminal identity* in cybercrime investigation. To address this problem, we propose to develop writeprint to help *identify an author in cyberspace*." (Li, Jiexun et. al.)
  - Identität vs. Ähnlichkeit von Textmerkmalen
    - Maschinelle Autoridentifikation ist kein objektives Verfahren, das uns die Identität einer Person enthüllt.
    - Sie erlaubt Aussagen über die *Ähnlichkeiten von Texten*
    - Ihre Ergebnisse sind aber stets *abhängig davon, welche Autorenkorpora / Verdächtige in das Modell einbezogen* werden (welche Textprofile von anderen mit einbezogen werden)
    - Man benötigt vorher eine Kriminalistik, die sagt, diese und jene sind die Verdächtigen
    - Autorenidentifikation ist nur mit der Hilfe von Kriminalistik möglich, nicht allein auf der Grundlage eines Textes

Geschichte der (computergestützten) Autorenidentifikation

- **Geschichte:**
  - o 3 Phasen
    - 1. Die Suche nach *globalen Konstanten* (ein einziger Wert, z.B. Wortschatzkomplexitätswert, der für jede Person einmalig ist)
    - 2. Klassifikation mittels multivariater Statistik (insbesondere *Textclustering*)
    - Klassifikation mittels *maschinellem Lernen* (aktuelle Methode)

Untersuchung, wer die Texte der mg verfasst haben könnte z.B. an der Auswahl der Personenkorpora?

- **Korpora**
  - o größere Auswahl von Texten
  - o Zusammenstellung von Korpora aus Texten von Andrej Holm (aus Blog und wissenschaftliche Ausätze von ihm), Wagner, vom NPD Forum, von der Islambrucderschaft u.a. sowie Texte der mg (sind alles Verdächtige und Korpora bestehen aus anonymen Texten)

- **Textclustering (Wer war Täter?)**
  - = Clusteranalyse = strukturentdeckendes Verfahren; man sucht in großen Datenmengen nach Gruppen, die sich ähnlich sind
  - Clusteranalyse 1: Funktionswörter (Wörter mit grammatischer Funktion) (Cluster Dendogram) (→ Textsorte oder Kommunikationsform wird gemessen, aber nicht Autorschaft)
  - Clusteranalyse 2: Inhaltswörter (Wörter mit lexikalischer Funktion) (→ inhaltliche Ähnlichkeit wird gemessen, aber nicht Autorschaft)
  - Clusteranalyse 3: Komplexe n-Gramme
    - Folge aus n Einheiten
    - Je nach Anwendungsbereich handelt es sich bei den Einheiten entweder um Zeichen, Lemmata, Wortformen etc.
    - Einsatzgebiet: Kryptographie, Korpus-Linguistik, automatisierte Informationsgewinnung
    - Komplexe n-Gramm-Analyse:
      - Kombination von sprachlichen Oberflächenphänomenen mit interpretativen linguistischen Kategorien mit semantischer Ladung (z.B. Wortart, Wortklasse, Modus, Tempus)
      - n-Gramme können ausgezählt werden und auf Basis dessen etwas über Formulierungsvorlieben lernen
    - man misst eher Textsorten und nicht Autorschaft
- **Maschinelles Lernen: support vector machine und Entscheidungsbaumverfahren**
  - Grundidee beim maschinellen Lernen
    - überwachtes maschinelles Lernen:
      - Es gibt einen klassifizierten Trainingsdatensatz (Menge von Texte von denen man weiß, wer die Autoren sind)
      - anhand dieses Datensatzes wird untersucht, in welchen Merkmalen sich die Klassen am stärksten unterscheiden (man gewinnt Klassifikator; dieser wird auf Texte losgelassen)
      - Das den Trainingsdatensatz am besten klassifizierende Set an Merkmalsausprägungen wird dazu benutzt, neue Daten zu klassifizieren
  - Analysekategorien
    - 1. Interpunktion (Anzahl Ausrufezeichen, Kommata, ... etc.)
    - 2. Wortarten (Frequenz von Adjektiven, Nomen, Indefinitpronomen, Kardinalzahlen etc.)
    - 3. Wortschatzmaße (Komplexität- bzw. Simplexitätsmaße, z.B. Yule's K etc.)
    - 4. Verbalphrase (Frequenz Konjunktiv I, Konjunktiv II, Passiv, Präteritum etc.)
    - 5. Nominalstil (Frequenz von Partizipialkonstruktionen, Praepositionalgruppencluster etc.)
    - 6. Syntax (Frequenz unterschiedlicher Nebensatztypen, Anzahl Nebensätze pro Satz etc.)
    - 7. semantisch definierte Wortklassen (Frequenz Gradpartikel etc.)
    - 8. sonstige Merkmale (Frequenz metasprachliche Markierungen etc.)

- o Support vector machine
  - = Klassifikator
  - unterteilt eine Menge von Objekten so in Klassen, dass um die Klassengrenzen herum ein möglichst breiter Bereich frei von Objekten bleibt
  - rein mathematisches Verfahren der Mustererkennung, das in Computerprogrammen umgesetzt wird
- o Entscheidungsbaumverfahren
  - = Klassifikator
  - sind geordnete, gerichtete Bäume, die der Darstellung von Entscheidungsregeln dienen
  - veranschaulichen hierarchisch, aufeinanderfolgende Entscheidungen
  - haben eine Bedeutung in zahlreichen Bereichen, in denen automatisch klassifiziert wird oder aus Erfahrungswissen formale Regeln hergeleitet oder dargestellt werden
  - Um eine Klassifikation eines einzelnen Datenobjektes abzulesen, geht man vom Wurzelknoten entlang des Baumes abwärts
  - Bei jedem Knoten wird ein Attribut abgefragt und eine Entscheidung über die Auswahl des folgenden Knoten getroffen
  - Hohe Fehlerquote
- **Fazit**
  - o *zentrale Grundannahmen* der informatisch motivierten maschinellen Autorenidentifizierung sind aus linguistischer Perspektive *nicht haltbar*
  - o die *Validität* vieler Analysekategorien der maschinellen Autorenidentifikation *ist fragwürdig* und damit die prognostische Qualität der Mode
  - o Was passiert wenn Identität mit Hilfe von Textanalysen verfolgt wird? keine Evidenz

10. Vorlesung – Forensische Linguistik 2: Autorschaftszuschreibung

Vorgehen bei der Autorenidentifikation

- **Profiling (Was sich durch die Sprache herausfiltern lässt)**
  - o Alter (Sprache entwickelt sich) & Geschlecht
  - o Muttersprache
  - o Regionale Herkunft
  - o Beruf und Bildung (Verwendung von Fachsprache?)
  - o Analyse der Persönlichkeitsdimensionen (sog. Big 5) (Neurotizismus, Extraversion, Offenheit für Erfahrungen, Verträglichkeit, Gewissenhaftigkeit)
  - o LAB-Profile (Language and Behavior Profiles)(z.B. Grundmotivation: Sicherheit & Geborgenheit, streben nach sozialer Anerkennung, ES-Typ)
  - o Wahrnehmungstypen: visuelle, taktile, auditive T.
- **Attribution: Bedingungen für den Textvergleich**
  - o Prinzip der Authentizität: das Vergleichsmaterial muss den Verdächtigen eindeutig zugeordnet werden können
  - o Prinzip der Textsortenkohärenz: Textsorten müssen ähnlich, am besten gleich sein
  - o Prinzip der hinreichenden Textmenge: es darf nicht zu wenig Vergleichsmaterial vorliegen (sowohl von Anonym als auch von Verdächtig)
  - o Prinzip der zeitlichen Nähe zwischen der Entstehung des Tatschreibens und dem Vergleichsschreiben

- **Textkörperanalyse**
  - Auch: Phänotypanalyse
  - Analyse der äußeren Gestalt des Textdokuments
  - Von Interesse sind unter anderem folgende textsemiotische Aspekte:
    - Schrifttype
    - Zeilenabstände
    - Zeilenumbrüche
    - Absatzgestaltung
    - Platzierung von Datum, Signatur etc.
- **Morphosyntaktische Analyse**
  - Analyse von Wortbildungsmustern
  - Analyse von Satzbaumustern
  - Analyse morphosyntaktischer Abweichungen von der Standardnorm
- **Lexemanalyse**
  - Analyse der Distribution von Wortarten (Schwerpunkt: Funktionswörter)
  - Analyse der Distribution von semantisch definierten Klassen
- **Stilanalyse**
  - Analyse satzübergreifender sprachlicher Merkmale
  - Stilniveau des Textes (z.B. Nominalstil)
- **Differenzialnalyse**
  - "So wie es Linkshänder und Rechtshänder gibt, so wie manche Menschen immer das linke über das rechte Bein schlagen und andere stets umgekehrt – genauso verwenden die meisten Menschen diese beiden Wortzwerge in einer festgelegten Reihenfolge. Die einen sagen 'ja dann', die anderen 'dann ja'. Das ist im jeweils individuellen Sprachprogramm eines deutschen Muttersprachlers fest verankert." (Code des Bösen)
  - Einschränkung der intraindividuellen Variation
  - Feste Präferenz für bestimmte Varianten
  - Set an Präferenzen konstituiert den Individualstil
- **Skala zur Wahrscheinlichkeit der Urheberidentität**
  - Die Identität des Urhebers ist
    - ohne jeden vernünftigen Zweifel anzunehmen: Stufe +4
    - mit sehr großer Wahrscheinlichkeit anzunehmen: Stufe +3
    - mit großer Wahrscheinlichkeit anzunehmen: Stufe +2
    - mit einer gewissen Wahrscheinlichkeit anzunehmen: Stufe +1
    - nicht zu beurteilen (ohne Befund): Stufe 0
    - mit einer gewissen Wahrscheinlichkeit auszuschließen: Stufe -1
    - mit großer Wahrscheinlichkeit auszuschließen: Stufe -2
    - mit sehr großer Wahrscheinlichkeit auszuschließen: Stufe -3
    - ohne jeden vernünftigen Zweifel auszuschließen: -4

- Query = Anfrage, die an das Archiv gestellt wird
- Früher: diejenigen, die die Gesetze machen sind am Ort des Archivs → Archive bedeuteten macht → Archiv der Stadt lagerte im eigenen Haus
- Archiv in seiner Struktur legt Bedingung fest, was gespeichert werden kann → technische Struktur des Archivs bestimmt Struktur des archivierbaren Inhalts
- Archiv ist immer nur eine Auswahl an Texten, ist nicht objektiv; = Ausschnitt, der bestimmte Ordnung zugrunde liegt → Konsignation strebt an, ein einziges Korpus zu einem System, in dem alle Elemente die Einheit einer Konfiguration bilden
- Wenn ich ein Buch ausleihe nutze ich es so wie ich es will und nicht so wie Archiv es will
- Archive brauchen Benutzer, aber Nutzer eignet sich Archiv an, aber arbeitet gegen die Ornung des Archivs
- Bsp.: Archiv, das Macht hatte → Stasiarchiv
- Heute: man ist weg vom Archiv als Machtmonopol
- Anfragen an Archive können heute nicht mehr hervorgesehen werden
- Speicherung erfolgt nicht mehr für die Zukunft, weil Wissen sich so schnell verändert
- Anfragen haben sich von Speicherform des Archivs emanzipiert
- Archiv hat keine Macht mehr über uns, weil wir in der Lage sind, Querys zu formulieren, unabhängig von der Struktur des Archivs
- Neu: wir können alles als Volltext haben → wir sind nicht mehr auf Metadaten angewiesen → jedes Detail in einem Buch kann gesucht werden → nicht mehr nur Katalog mit Metadaten
- Bsp.: Volltextdatenbanken = Internet, welches durch Suchmaschinen (Google) erschlossen wurde
- Texte im Internet nicht dafür gemacht die Frage zu stellen, ob ein Text z.B. leicht oder schwer ist → yomunda → Macht der Anfrage hat sich hin verschoben zum Nutzer → mit Hilfe v. programmieren kann man Frage nach leichtem oder schwerem Text stellen
- Werden sie selber google, man muss selbst lernen Anfragen auf Volltextbasis zu stellen ↗ Korpuslinguistik hier wichtig
- Bsp. Querys nach Gesichtern, Gesichtserkennung im Telefon (merkt ob man hinschaut oder nicht)
- Bsp: verdächtiges Verhalten auf Videos soll erkannt werden → Anfrage an unser Leben → entweder man liefert sich aus, oder man versucht Anfragen mitzugestalten (z.B. Was ist verdächtige Verhalten) → deswegen sollte man programmieren lernen